청년
불패

청년불패

초판 1쇄 발행	2015년 10월 8일
지은이	라원기
펴낸이	원성삼
책임편집	이보영
펴낸곳	예영커뮤니케이션

주소	136-825 서울시 성북구 성북로6가길 31
전화	(02) 766-8931
팩스	(02) 766-8934
홈페이지	www.jeyoung.com
이메일	jeyoung@chol.com
등록일	1992년 3월 1일 제2-1349호

ISBN   978-89-8350-926-0 (03230)

책값 13,000원

「이 도서의 국립중앙도서관 출판예정도서목록(CIP)은 서지정보유통지원시스템 홈페이지(http://seoji.nl.go.kr)와 국가자료공동목록시스템(http://www.nl.go.kr/kolisnet)에서 이용하실 수 있습니다. (CIP제어번호 : CIP2015025677)」

모든 인간은 하나님의 형상을 닮은 존엄한 존재입니다. 전 세계의 모든 사람들은 인종, 민족, 피부색, 문화, 언어에 관계없이 존귀합니다. 예영커뮤니케이션은 이러한 정신에 근거해 모든 인간이 존귀한 삶을 사는 데 필요한 지식과 문화를 예수 그리스도의 사랑으로 보급함으로써 우리가 속한 사회에 기여하고자 합니다.

청년

— 승리하는 청년의 삶을 위한 영적 원리! —

불패

라원기 지음

예영커뮤니케이션

목

차

청년
불패

들어가는 말

우리에게는 불가능한 일을 매우 즐기시는 하나님이 계시다.

_앤드류 머레이

오늘날의 대학생들을 보면 휴학을 참 많이 하는 것 같습니다. 물론 제가 대학을 다닐 때에도 몸이 아프거나 군대를 가는 경우에는 휴학을 하기도 했지만, 지금처럼 휴학이 유행이지는 않았습니다. 최근 통계에 따르면 현재 등록된 대학생 가운데 30퍼센트가 넘는 학생들이 휴학 상태라고 합니다.

이처럼 많은 학생들이 휴학하는 이유는 취업과 관련이 있습니다. 졸업을 해도 취업의 문턱이 높고 기업은 많은 스펙을 요구하니 결국 휴학을 하고 토익 성적을 올리기 위해 학원을 다니거나 영어 공부를 하기 위해 어학연수를 갈 수밖에 없는 것입니다. 그 외에도 각종 인턴 경험이나 자격증 획득을 위해서도 이제 휴학은 필수입니다.

그뿐 아니라 재정적인 어려움으로 휴학하는 경우도 있습니다. 일종의 '생계형 휴학'으로, 비싼 등록금을 감당할 수가 없어 휴학을 하고 돈을 번 다음에 학교에 다시 가는 것입니다. 이런 대학생들이 평균 네 명당 한 명이라고 하니 우리 청년들의 삶이 얼마나 고달프겠습니까?

요즘 젊은이들을 '7포 세대'라고 말하기도 합니다. '7포'가 무엇입니까? 일곱 가지를 포기해야 한다는 말입니다. 처음에는 연애, 결혼, 출산을 포기한다고 해서 '3포'였는데 점차 내 집 마련도 포기하고 취업 때문에 인간관계도 포기해야 한다고 해서 '5포'가 되었습니다. 그리고 요즘은 꿈과 희망까지 포기해야 한다고 해서 '7포'라는 말까지 나왔습니다. 그래서 그런지 요즘 젊은이들의 자살률이 너무 높습니다. 최근 통계에 따르면 우리나라 청년들의 사망원인 1위가 바로 자살이라고 합니다. 이 얼마나 안타까운 일입니까?

그러다 보니 오늘날 청년들의 아픔을 위로하는 힐링용 책들이 시중에 많이 나와 있습니다. 물론 나름대로 그런 책들이 일시적인 도움을 줄 수는 있다고 생각합니다. 그러나 청년들이 근본적으로 변화되고 삶의 방향을 바로 잡기 위해서는 성경적인 삶의 원리들을 제대로 알아야 합니다. 이것이 바로 제가 이 책을 쓴 이유입니다.

저는 10년 이상 한동대학교 객원 교수로 학생들을 가르치고 있고, 강북대학연합교회라는 청년 대학생들을 위한 교회를 개척하여 목회하고 있습니다. 지금도 저희 교회는 성도의 90퍼센트 이상이 청년 대학생일 정도로 청년과 대학생이 많은 교회입니다. 그러다 보니 그들을 양육하면서 삶의 문제를 같이 고민할 수 있는 기회가 많이 있었습니다.

또한 그동안 한동대학교에서 강의해 오면서 수천 명이 넘는 학생들을 수업을 통해 만났습니다. 그들과 상담하고 교제하는 가운데 젊은이들이 공통적으로 갖고 있는 인생의 문제들을 알게 되었고, 거기에 대한 성경적인 답변을 해 줄 필요성이 있다는 사실을 깨달았습니다.

우리는 청년의 때가 아름답다는 이야기를 종종 듣습니다. 그 이유는 청년에게는 무한한 가능성이 있기 때문입니다. 그러므로 청년의 때에 인생의 방향을 바로 잡으면 그 인생은 참으로 많은 가능성을 꽃피울 수 있습니다.

그러나 동시에 청년의 때는 불안하다고 말할 수 있습니다. 청년의 때에는 그 어떤 것도 확실히 정해진 것이 없기 때문입니다. 그러므로 이러한 두려움을 극복하기 위해 청년들은 젊을 때부터 더욱 분명하게 자신의 삶의 방향을 정해서 치열하게 살아야 합니다.

저는 청년의 불안을 아름답게 극복한 성경 인물로 요셉을 들고 싶습니다. 성경에 나오는 요셉을 보십시오. 어릴 때 노예로 팔려 가서 옥에 갇히게 된 그의 삶은 얼마나 두렵고 불안했겠습니까? 억울하게 모함을 당하고 옥살이를 하게 되었는데, 그의 주위에는 요셉을 기억해 주는 사람이 아무도 없었습니다. 언제 풀려날지, 혹은 생명이라도 보전할 수 있을지 아무것도 장담할 수 없는 가운데 그는 혼자서 그 모든 어려움을 이겨 나가야 했습니다.

하지만 요셉이 삼십 세가 되었을 때 놀라운 기회가 찾아왔습니다. 당시 이집트의 최고 권력자인 바로의 꿈을 해석할 수 있는 기회가 생긴 것입니다. 성경은 그 부분을 이렇게 묘사합니다.

"이에 바로가 사람을 보내어 요셉을 부르매 그들이 급히 그를 옥에서 내 놓은지라 요셉이 곧 수염을 깎고 그의 옷을 갈아 입고 바로에게 들어가니 바로가 요셉에게 이르되 내가 한 꿈을 꾸었으나 그것을 해석하는 자가 없더니 들은즉 너는 꿈을 들으면 능히 푼다 하더라 요셉이 바로에게 대답하여 이르되 내가 아니라 하나님께서 바로에게 편안한 대답을 하시리이다."
창세기 41장 14-15절

이 얼마나 멋진 장면입니까? 드디어 요셉이 죄수의 옷을 벗고 화려한 왕궁의 옷을 입게 되었습니다. 얼굴에 난 수염도 깨끗하게 밀고 목욕도 했습니다. 이제 더 이상 캄캄한 지하 감옥에서 절망을 안고 밤을 지새우지 않아도 되게 되었습니다. 이제 요셉의 삶은 이전과 같지 않게 되었습니다. 완전히 새로운 삶이 펼쳐진 것입니다.

우리도 인생을 살다 보면 그런 날이 올 수 있습니다. 더 이상 과거의 나의 모습대로 살지 않아도 되는 그런 기회가 찾아올 수 있습니다. 그때 여러분은 잘 준비되어 있어야 합니다. 요셉을 보십시오. 그가 얼마나 잘 준비되어 있었는지 알 수 있습니다.

먼저 그는 인격이 준비되어 있었습니다. 그는 감옥에서 나온 뒤에도 보디발의 아내에게 복수할 생각을 하지 않습니다. 형들을 만나도 보복할 생각을 하지 않습니다. 그는 인격이 성숙해져서 나왔습니다.

또한 그는 신앙이 준비되어 있었습니다. 애굽의 왕 바로를 만나면서도 하나님의 이야기를 합니다. 전혀 주눅들지 않고 거침없이 바로 앞에서 하나님을 높입니다.

또한 그는 실력이 준비되어 있었습니다. 그는 바로의 꿈 내용을 듣기도 전에 자신이 꿈풀이를 할 수 있다고 말합니다. 그는 그만큼 하나님을 신뢰했고 꿈풀이를 할 수 있는 자신의 능력을 확신했습니다. 이것은 그가 오랜 감옥 생활을 하는 동안 자신을 잘 준비해 놓았기에 가능한 일이었습니다.

청년들은 미래가 두렵고 불안할수록 하나님을 더욱 의지해야 합니다. 또한 하나님이 자신을 높여 주실 때 쓰임받을 수 있도록 잘 준비해야 합니다. 이 책은 바로, 하나님을 사랑하고 하나님이 주신 기회를 기다리며 자신을 준비하고자 하는 청년들이 성경 안에서 올바른 관점을 갖고 자신이 갖게 될 직업과 만나게 될 배우자 그리고 소유하게 될 비전을 준비하도록 하기 위해 쓰여졌습니다.

또한 이 책 뒤에는 각 챕터마다 추천도서가 나와 있습니다. 학교에서 강의하면서 학생들에게 읽을 만한 도서를 추천해 달라는 요청을 자주 받았습니다. 그래서 이 책에 청년들이 꼭 읽었으면 하는 도서들을 주제별로 정리해 놓았습니다. 제가 직접 읽어 보고 가장 도움이 되었던 책들을 엄선하여 소개한 것이기에 읽어 보시면 많은 도움이 될 것입니다.

마지막으로 책을 마무리하면서 감사할 분들이 있어 소개합니다. 무엇보다도 젊을 때 저를 구원해 주시고 이렇게 목회의 길로 불러 주시며 한동대학교에서 강의하고 책을 쓸 수 있도록 이끌어 주신 하나님께 감사드립니다. 또한 교회 개척을 놓고 기도할 때 저에게 청년 사역의 중요성을 가르쳐 주시며 대학생 사역을 시작할 수 있도록 도와주시고 이 책의 추천사를 써 주신 대학연합교회 김형민 목사님께 이 자리를 빌려 깊이 감사드립니다. 또한 바쁘신 가운데서도 이 책의 초고를 읽어 주시고 격려해 주시며 추천사를 써 주신 이병원 교수님께도 깊이 감사드립니다.

또한 하나님 안에서 아름다운 공동체를 이루어 그리스도 안에서 한 몸이 된다는 것이 무엇인지를 보여 주는 우리 강북대학연합교회 믿음의 식구들과 저의 강의에 따뜻한 애정과 지지를 보여 준 사랑하는 한동대학교 제자들에게 감사를 드립니다. 이 귀한 청년들이 있었기에 제가 청년들의 고민과 아픔을 알게 되었고, 이러한 책을 쓸 수 있게 되었습니다.

그리고 저의 부족한 글을 이렇게 아름다운 책으로 출판해 주신 예영커뮤니케이션 원성삼 대표님께도 진심으로 감사의 말씀을 드립니다.

마지막으로 어려운 청년 사역에 함께 뛰어들어 오늘 이 시간까지 청년들과 함께 울고 웃으며 저의 목회 사역의 동반자가 되어 준 사랑하는 아내 이희진과 세 딸(에스더, 혜빈, 혜림)에게 한없는 사랑과 애정을 돌려보냅니다. 이 책이 오늘날 방황하는 청년들의 삶에 작은 지표가 되기를 간절히 소망합니다.

1장

청년과 열정

내가 미쳐야
남도 미친다

열심에 불을 붙이라.
그러면 사람들은
당신이 불타는 것을 보기 위해
멀리서도 찾아올 것이다.

_존 웨슬리

1. 열정의 중요성

1979년 하버드대학교의 엘렌 랭어(Ellen Langer) 교수 연구팀은 '시계 거꾸로 돌리기 연구'라고 부르는 한 실험을 고안해 냈습니다. 이들은 70~80대의 노인들을 모집하여 그들을 일주일간 조용한 수도원에서 생활하게 하면서 동년배끼리 옛날 이야기를 나누게 했습니다. 당시 참가자들은 몰랐지만 이 연구의 목적은 노인들이 20년 전의 세상인 1959년을 경험하게 해서 그 변화가 그들의 신체에 어떤 영향을 주는지를 살펴보는 것이었습니다.

이 연구에 참여한 노인들은 마치 타임머신을 타고 20년 전으로 되돌아간 것 같은 느낌을 받았습니다. 1959년의 풍경으로 가득 꾸며진 집에서 그들은 미국 최초의 인공위성인 익스플로러 1호가 발사되는 장면을 흑백 텔레비전으로 지켜보았고, 피델 카스트로(Fidel Castro)의 아바나 진격과 공산주의에 관한 열띤 논쟁을 벌였으며, 라디오에서 흘러나오는 넷 킹 콜(Net King Cole)의 노래를 듣고 "벤허"와 같은 옛날 영화를 보았습니다.

그들은 또 각각 다르게 꾸며진 그들만의 방을 배정받았고, 다른 사람들의 도움 없이 무엇을 먹을 것인지 스스로 결정했으며, 요리와 설거지 등의 육체적인 활동도 직접 하면서 일상을 보냈습니다. 그리고 일주일이 지났습니다. 과연 그들에게는 어떤 변화가 일어났을까요?

놀랍게도 그들은 단 일주일 만에 나이를 거슬러 올라가 시력과 청력과 기억력, 악력이 향상되고 체중이 늘었으며 지능 검사에서도 63퍼센트의 향상을 보였습니다.[1] 그들은 서 있는 자세도 더 꼿꼿해졌고 더 빨리 걸었으며 좀 더 자신감 있게 대화를 나누었습니다. 어떤 노인은 지팡이를 집어던지고 걷기 시작했고, 다른 몇몇 노인들은 연구원들의 미식축구 경기에 동참하기도 했습니다.[2] 일주일 전과 후의 노인들의 사진을 제삼자에게 무작위로 보여 주자 모두가 일주일 후의 사진의 노인이 더 젊어 보인다고 말했습니다.

이는 엘렌 랭어 교수가 쓴 『마음의 시계』(사이언스북스, 2011)라는 책에 나오는 이야기입니다. 이 실험을 통해 랭어 교수 연구팀은 나이를 먹으면 누구나 몸이 약해지고 정신 능력이 쇠퇴해진다는 고정관념만 버려도 어느 정도 노화의 속도를 늦출 수 있다는 사실을 밝혀냈습니다. 즉, 인간의 마음과 정신이 몸에 큰 영향을 미친다는 사실을 알아낸 것입니다.

그러나 여기서 주의해야 할 사실이 있습니다. 랭어 교수가 연구한 실험 결과를 뒤집어 말하면 반대의 결과가 나올 수도 있다는 것입니다. 무슨 말입니까? 비록 나이를 먹더라도 젊게 생각하고 의욕적으로 살아가면 젊어질 수 있지만, 나이가 젊더라도 패배자의 마음으로 의욕 없이 살아가면 나이와 상관없이 늙은 사람이 될 수도 있다는 것입니다.

그렇게 볼 때 저는 오늘날 청년들이 너무 일찍 노인이 되는 것 같은 느낌을 받습니다. 아직까지 한창 젊고 가능성이 많은 시기인데도 의외로 오늘날 많은 청년들의 마음속에는 불타는 패기가 사라졌습니다. 많은 청년들이 꿈도 없이 멍한 얼굴과 눈빛으로 살아가고 있습니다. 이것은 너무 큰 비극이 아닐 수 없습니다. 사무엘 울만은 "청춘"이라는 자신의 시에서 다음과 같은 말을 했습니다.

"청춘이란 인생의 어떤 한 시기가 아니라 마음가짐이다.
장밋빛 볼, 붉은 입술, 유연한 무릎이 아니라

강인한 의지, 풍부한 상상력, 불타오르는 열정을 말한다.

(중략)

나이를 더해 가는 것만으로 사람은 늙지 않는다.

이상을 잃어버릴 때 비로소 늙는 것이다.

세월은 피부를 주름지게 하지만

열정을 상실하면 영혼이 주름진다."

그렇습니다. 열정을 잃어버리면 영혼이 시들어 버립니다. 그런 면에서 볼 때 열정 없는 청춘들을 보는 것은 너무나 안타까운 일입니다. 사실상 청년들이 열정을 잃어버렸다는 것은 곧 정신의 죽음을 맞이한 것과 다를 바가 없습니다. 사람이 비록 80세까지 살더라도 그가 30세에 열정을 잃어버렸다면, 그는 사실 30세에 죽고 묻히기는 80세에 묻힌 것입니다. 저는 우리 청년들 가운데 이런 일이 일어나지 않기를 바랍니다. 특별히 하나님을 믿는 청년들 가운데 열정 없이 무기력한 삶을 사는 청년이 한 사람도 없기를 바랍니다.

저의 젊은 시절을 회상해 보면 정말 아무것도 내세울 것이 없었지만 열정 하나 만큼은 뜨거웠던 거 같습니다. 예수님을 믿기 전에는 세상 일을 위해 열정을 불태웠다면, 예수님을 믿고 난 뒤에는 주님을 위해 열정을 불태웠습니다.

대학교 2학년 때 저는 영어 성경공부 모임에 가서 예수님을 만났는데 그때부터 그 모임에 얼마나 열심히 나갔는지 군대에 있을 때 빼고는 대학을 졸업할 때까지 월요일, 토요일, 주일 오후 모임에 단 한 번도 빠지지 않았습니다. 말이 쉽지 단 한 번도 빠지지 않는다는 것이 가능합니까? 심지어는 다음날 중간고사, 기말고사가 있어도 단 한 번도 결석한 적이 없습니다. 시험 기간 중에도 성경공부가 있는 날이면 아예 그날은 없는 것으로 생각하고 공부 스케줄을 잡았습니다.

지금 선교사로 있는 제 동생도 마찬가지입니다. 대학 시절에 저를 통해 그 모임에 들어와서 예수님을 영접하고 영어 공부에 열정을 얼마나 쏟아 부었는지 하루 종일 영어 공부만 했습니다. 지금처럼 인터넷도 없던 때라 유일하게 접할 수 있는 미국 방송 AFKN(주한미군을 위한 방송) TV 채널을 납땜하여 고정해 두고 이 채널에서 나오는 방송만을 보았습니다. 그리고 영어 뉴스를 녹음해서 하루 종일 들었습니다.

나중에 동생의 말을 들어 보니 당시 거의 2년 동안은 우리말로 된 책은 단 한 권도 읽지 않았다고 합니다. 오로지 영어로만 생각하고 영어로만 말하는 훈련을 한 것입니다. 그렇게 생활하다 보니 3개월 만에 영어로 꿈을 꾸었고, 6개월 후에는 길을 가다가 다른 사람과 부딪친다든지 하는 돌발 상황에서도 반사적으로 영어가 먼저 입에서 나왔다고 합니다.

지금도 기억 나는데 한번은 동생이 방학 동안에 타임지를 처음부터 끝까지 한 페이지도 안 빼먹고 다 읽겠다고 선언한 적이 있습니다. 사실 타임지에 나오는 단어가 얼마나 어렵습니까? 그런데 동생의 영어 실력이 어느 정도의 수준까지 올랐느냐 하면 타임지 한 권을 다 읽는데 모르는 단어가 하나도 없었다는 것입니다. 결국 제 동생은 토익 시험에서 전국 1등을 했습니다. 이 정도로 열정을 갖고 열심히 하다 보니 지금 제 동생은 영어를 통해 선교에 크게 쓰임받고 있습니다.

현재 제 동생 라원준 선교사는 어린이전도협회 아시아 태평양 지역 책임자로 있으면서 한 해의 절반을 아시아 태평양 지역을 다니며 현지 어린이전도협회 사역자들을 모아 놓고 일주일씩 영어로 강의합니다. 또 매년 두 차례씩 미국 국제본부에 가서 컨퍼런스에 참석하고, 영어 설교도 하며, 모임을 이끌기도 합니다. 젊을 때 목숨 걸고 영어 공부를 해 놓은 것이 이렇게 귀하게 쓰임받고 있습니다.

여러분은 열정이 있습니까? 남보다 뛰어난 업적을 이룬 사람들의 특징을 보면, 그들에게는 엄청난 열정이 있었습니다. 자신의 일에 집중력과 몰입도를 갖는 것이 바로 이런 사람들의 특징입니다.

요즘 TV나 잡지에 자주 등장하는 "총각네 야채가게"가 있습니다. 이 가게는 서울 강남 대치동 은마아파트 후문에 있는데 이 가게가 얼마나 인기가 있는지 지금은 전국에 33개가 넘는 점포가 있을 정도로 대규모 농산물 판매 기업으로 성장했습니다. 그리고 맨손으로 성공한 가게 사장 이영석 씨의 인생 스토리가 뮤지컬과 드라마로 만들어지기도 했습니다.

이 야채 가게는 가장 싱싱하고 맛있는 과일을 판매하는 것으로 정평이 나 있어서 그날 들어온 물건은 그날 다 나간다고 합니다. 재미있는 것은 그 가게에는 생선도 파는데 생선을 보관하는 냉동고가 아예 없다고 합니다. 그 이유는 생선도 그날 들어온 것을 그날 다 팔기 때문입니다. 한마디로 그 가게는 매일 재고율 0퍼센트에 도전하고 있으며, 실제로 그렇게 된다고 합니다. 놀라운 이야기가 아닐 수 없습니다.

이 가게를 운영하는 이영석 사장의 야채 가게에 대한 열정은 그 어느 누구도 따라갈 수 없습니다. 이분은 서울 가락동 시장에서 칼잡이라는 별명으로 통하고 있다고 합니다. 그 이유는 하루도 빠짐없이 새벽 2시 반이면 일어나서 오토바이를 타고 가락시장에 나가, 새벽 3시부터 오전 10시까지 모든 과일집을 다니며 그날 나온 과일을 모두 칼로 찔러 맛보고 그중에서 가장 싱싱하고 맛있는 과일을 주문하기 때문입니다.

처음에는 칼을 들고 남의 과일을 푹푹 찌르는 그에게 사람들은 화를 내고 그를 때리기도 했습니다. 그러나 그가 아무리 두들겨 맞아도 전혀 흔들리지 않는 모습으로 매일 새벽마다 나오는 것을 보고 사람들은 마침내 혀를 내두르며 그를 내버려 두었다고 합니다. 그가 이렇게 매일 아침마다 맛을 보기 위해 먹는 과일의 양은 하루에 '사과 두 상자 분량'입니다.[3]

그가 이렇게 지독하게 과일을 고르는 이유는 단 하나입니다. 소비자에게 최고의 상품을 제공하기 위해서입니다. 그러므로 그의 가게에 찾아오는 손님들은 맛을 보지 않고 과일을 사도 그날 가락동 시장에 나온 과일 중에 가장 맛있는 과일을 먹게 되는 것입니다. 바로 그런 이유 때문에 그의 가게는 야채 부분에서는 타의 추종을 불허하는 최고의 가게로 자리 잡았습니다.

하나님을 믿지 않고 세상의 성공을 위해 사업하는 분도 이정도의 열정으로 일하는데, 하나님을 믿는 우리 기독 청년들은 더욱 뜨거운 열정으로 살아야 하지 않겠습니까?

2. 열정의 사람들

하나님은 열정 있는 사람을 좋아하십니다. 하나님이 쓰시는 사람의 특징은 열심이 있는 사람들입니다. 성경을 보면 예수님이 베드로를 부르신 이유도 그가 열정의 사람이었기 때문입니다. 성경에 보면 예수님이 베드로와 나눈 대화가 나옵니다.

"말씀을 마치시고 시몬에게 이르시되 깊은 데로 가서 그물을 내려 고기를 잡으라 시몬이 대답하여 이르되 선생님 우리들이 밤이 새도록 수고하였으되 잡은 것이 없지마는 말씀에 의지하여 내가 그물을 내리리이다 하고." 누가복음 5장 4-5절

상식적으로 우리는 고기를 잡다가 아무리 노력해도 잡히지 않으면 그만 둡니다. 그런데 베드로는 밤이 새도록 계속 고기를 잡았습니다. 고기가 한 마리도 안 잡히는데도 그는 포기하지 않았습니다. 빈 그물이지만 밤을 꼬박 새우면서 열심히 그물질을 했습니다. 그는 열정의 사람이었기 때문입니다. 그래서 하나님께서는 그를 선택하셨습니다.

사도 바울도 마찬가지입니다. 그는 당시 예수님을 믿는 기독교인들을 이단의 무리라고 생각했습니다. 그래서 하나님을 향

한 열심으로 그들을 잡아 감옥에 넣는 일에 앞장섰습니다. 누가 시켜서 한 일이 아닙니다. 돈이 나오는 것도 아니었습니다. 그러나 그는 그 일에 최선을 다했습니다. 왜냐하면 그는 그 일이 하나님께서 기뻐하시는 일이라고 생각했기 때문입니다.

그런 바울을 보고 하나님께서는 어떻게 생각하셨을까요? 아마 이렇게 생각하셨을 것입니다. "야, 이 친구가 열심 하나는 대단하구나. 비록 잘못된 열심이기는 하지만 정말 열정의 사람이구나. 방향이 잘못되긴 했지만 방향만 잘 잡아 주면 앞으로 대단한 일을 할 사람이구나." 이렇게 생각하신 것입니다. 그래서 바울을 선택하신 것입니다.

실제로 바울은 예수님을 만나고 나서부터 예수님을 믿던 사람을 핍박하던 그 열정으로 세계 복음화에 힘쓰게 됩니다. 사람들은 그에게 목숨이 위험해질 수 있으니 예루살렘에 올라가지 말라고 하지만 그는 다음과 같이 대답합니다.

"보라 이제 나는 성령에 매여 예루살렘으로 가는데 거기서 무슨 일을 당할는지 알지 못하노라 오직 성령이 각 성에서 내게 증언하여 결박과 환난이 나를 기다린다 하시나 내가 달려갈 길과 주 예수께 받은 사명 곧 하나님의 은혜의 복음을 증언하는 일을 마치려 함에는 나의 생명조차 조금도 귀한 것으로 여

기지 아니하노라."^{사도행전 20장 22-24절}

실제로 후에 사도 바울은 결국 복음 때문에 순교합니다. 이런 열심이 있는 사람은 보기 드뭅니다. 그래서 하나님께서 바울을 택하여 쓰신 것입니다. 우리가 잘 아는 엘리야도 열심이 있는 사람이었습니다. 열왕기상 19장 10절에 보면 그가 동굴에서 하나님의 음성을 들었을 때 "내가 만군의 하나님 여호와께 열심이 유별하오니."라고 말합니다. 개역한글 번역에는 "열심이 특심하오니."라고 되어 있습니다.

이렇게 하나님께서 쓰시는 사람은 뭐가 달라도 다릅니다. 그들의 특징은 바로 열심의 사람이라는 것입니다. 그래서 하나님께서 쓰신 것입니다. 제가 목회자로서 사람들을 지켜 보니, 비록 다른 종교에서 개종한 사람이라도 평소에 그곳에서 열심히 하던 사람이라면 기독교인이 되어도 열심히 하는 것을 많이 봅니다. 가령 불교를 잘 믿던 사람이 교회에 나오면 예수님도 열심히 믿습니다. 왜냐하면 처음의 열정이 그대로 옮겨지기 때문입니다. 그러므로 여러분은 무엇을 하든지 열정의 사람이 되어야 합니다.

3. 열정의 방향성

열정의 사람이 되는 것도 중요하지만 무엇을 위한 열정인가 하는 것이 더 중요합니다. 잘못된 방향으로 우리의 열정을 사용해서는 안 되기 때문입니다. 그러면 인생을 낭비하게 됩니다. 젊음의 시기는 비행기로 비유하면 활주로를 달리는 시기라고 볼 수 있습니다. 모든 에너지를 쏟아 혼신의 힘을 기울여 하늘로의 이륙에 성공해야 합니다.

전문가들의 말에 따르면, 비행기는 이륙할 때 가장 많은 연료를 소비한다고 합니다. 이를 인생에 비유하면 우리는 젊을 때 정말 뜨겁게 열정을 불태워야 합니다. 그 시기를 놓쳐 버리면 이도 저도 아닌 사람이 될 수 있기 때문입니다. 젊을수록 공부해야 하는 시기, 집중적으로 기도해야 하는 시기, 자신을 준비시켜야 하는 시기를 놓쳐서는 안 됩니다. 만사에 다 때가 있기 때문입니다.

그러나 여기서 더 중요한 것이 있습니다. 비행기가 이륙할 때 에너지를 총동원해서 이륙해야 하지만 그보다 그 이후의 방향이 더 중요하다는 것입니다. 방향을 잘못 잡으면 이륙에 성공했다고 하더라도 엉뚱한 방향으로 가 버리기 때문입니다.

이와 마찬가지로 젊음의 때에 열정을 불태우는 것도 중요하지만 사실상 무엇을 위해 열정을 불태워야 하는지가 더 중요합니다. 과거를 회상해 보면 저는 대학교 1학년 때 정말 열정적으로 살았던 것 같습니다. 그런데 중요한 것은 아무도 제게 인생의 올바른 방향을 말해 주지 않았다는 사실입니다. 그래서 열정적으로 살기는 살았는데 정말 아무것도 남는 것이 없는 허무한 열정이었습니다.

대학교 1학년 때는 미팅에 빠져 정말 열심히 미팅을 했습니다. 저는 중고등학교를 남학교로만 다닌데다가 여학생들을 따로 만나본 경험이 없었기 때문에 대학에 들어와서 미팅을 해 보니 정말 신기하고 재미있었습니다. 물론 요즘은 초등학생들도 미팅은 시시하다고 하지 않는다고 합니다.

어쨌든 저는 그때 미팅이라는 새로운 세계를 발견하고 정말 열심히 미팅을 했습니다. 수업을 다 빼먹고 미팅하러 간 적도 있었고, 주말에는 오전과 오후에 연달아 미팅을 하기도 했습니다. 그런데 이렇게 해도 사실 남는 것이 별로 없었습니다. 그러다 보니 나중에는 미팅에 대해 정리가 딱 되는 겁니다.

미팅이 영어로 'meeting'이지 않습니까? 여기에서 힌트를 얻어 제가 나름대로 정리해 보았습니다. 이 단어의 철자를 따서 만든 것입니다. 'meeting'에서 m은 'meet'(만나다), 일단 상대방을 만납니다. 그다음 e는 'enter'(들어가다), 찻집 같은 곳으로 들어갑니다. 그리고 또 e는 'eat'(먹다), 차를 마시거나 식사를 합니다. 그다음 t는 'talk'(말하다), 열심히 이야기를 합니다. 그리고 그다음 i는 'interaction'(상호 작용), 상호 작용이 일어납니다. 그리고 n은 'negative'(부정적인), 결국 거부 반응이 일어납니다. 그리고 마지막으로 g는 'good-bye'입니다. 헤어지는 것입니다. 이런 식으로 'meeting'이 딱 정리가 되는 것입니다.

그래서 그다음부터는 미팅을 별로 하지 않았습니다. 1학년 2학기 때부터는 당구도 치고 술도 마시고 춤도 추러 다니고 담배도 피웠습니다. 저는 무엇이든지 하면 열심히 하는 성격이라 담배도 하루에 두 갑씩 피웠습니다. 그렇게 무엇이든 열심히 하고 살았는데 결과는 참담했습니다. 1학년을 마쳤는데 남은 것은 F 학점이 수두룩한 성적표밖에 없었습니다.

저는 인생의 허무함을 느끼고 방황하다가 2학년 때 영어 성경공부 모임에서 예수님을 만났습니다. 그리고 그때부터 방황을 끝내고 정말 치열하게 고민하며 공부했습니다. 제가 그때 열심히 공부한 이유는 바로 다음과 같은 이유 때문이었습니다. '앞으로 주님께서 나를 써 주실 수도 있는데 내가 준비되지 않아서 쓰임받지 못하면 어떡하지?'.

몇 년 전에 미국에 살고 있는 이형진이라는 학생이 『공부는 내 인생에 대한 예의다』(쌤앤파커스, 2011)라는 제목으로 책을 출간했습니다. 우리나라의 수능과 같은 미국 SAT · ACT 시험에서 만점을 받고 아이비리그 9개 대학에서 동시 합격을 한 공부 수재인 이형진 학생은 자신이 공부하는 이유에 대해 이렇게 말했습니다. 자신이 공부를 잘 하지 못해 인생에서 누릴 수 있는 기회를 놓치게 된다면 자기 자신에게 너무 미안할 거 같다는 것입니다.

저는 이 학생과 조금 다르게, 예수님을 믿고 나니 제가 마땅히 해야 할 공부를 제대로 하지 못해서 하나님께서 나를 쓰시고자 할 때 쓰실 수 없다면 하나님께 너무 죄송할 거 같았습니다. 그래서 '공부는 내게 인생을 주신 하나님께 대한 예의'라는 생각으로 열심히 했습니다. 주님을 만나는 순간 이제 내가 하는 공부가 '나를 위한 공부'가 아니라 '주님을 위한 공부'가 된 것입니다. 그때부터는 정말 열정적으로 공부했습니다. 그 결과 성적이 수직 상승해서 대학 내내 장학금을 받았고, 총신대학교 신학대학원에 다닐 때는 반에서 1등도 해 보았으며, 미국 풀러신학교에서는 학점을 4.0 만점에 3.97점을 받았습니다. 그래서 결국 지금은 교수의 자리에까지 이르게 되었습니다.

이렇듯 우리에게는 열정이 중요합니다. 하지만 더 중요한 것은 그 열정을 제대로 태울 올바른 재료입니다. 엉뚱한 것에 열정을 불태우면 안 됩니다. 그래서 신앙이 참으로 중요합니다.

사실상 젊은 날에 하는 가장 큰 고민은 무언가를 위해 열정을 불태우고 싶은데 적절한 대상이 없다는 것입니다. 그러나 예수 그리스도를 만나게 되면 우리는 비로소 참된 열정의 대상을 발견하게 됩니다. 그때부터는 공부를 하든 사업을 하든 무엇을 하든지 주님의 영광을 위해서 합니다. 그리고 전심으로 주님을 섬기는 마음으로 합니다. 그러할 때 주님은 우리의 삶을 통해 영광받으십니다.

제가 대학교 다닐 때 잘 알고 지내던 후배 한 명이 있었습니다. 그 후배는 정말 열정적인 사람이었습니다. 당시 롤러스케이트가 유행이었는데 그 형제는 체력이 좋아서 롤러스케이트를 타면 대여섯 시간씩 탔습니다. 그러나 말이 좋아서 대여섯 시간이지 누가 돈 주고 타라 해도 힘들어서 못 타는 게 롤러스케이트입니다.

또 한번은 이 친구가 백화점 아르바이트를 하다가 점원 아가씨에게 반해 연애를 시작했는데 연애편지를 한 달 만에 무려 120통이나 썼다고 합니다. 이 120통도 단순히 120통이 아닙니다. 한 통이 원고지 한 묶음인 경우가 많았습니다. 그렇게 열정적으로 편지를 쓴 끝에 결국 이 아가씨가 감동하여 두 사람이 결국에는 결혼하게 되었습니다.

저는 그 형제를 보면서 '야, 이런 형제는 예수님을 믿어도 정말 화끈하게 믿을 것 같다.'라는 생각이 들었습니다. 그래서 열심히 전도했는데 하나님의 은혜로 여러 가지 인생의 곤고함을 겪으며 그 형제는 결국 예수님을 믿게 되었습니다. 이 형제가 예수님을 믿게 되자 얼마나 열정적으로 신앙생활을 하는지 말로 다할 수 없었습니다. 그때부터는 누가 시키지도 않았는데 본인 자비로 전도지를 수천 장씩 사서 시내 백화점 앞에서 전도하다가 깡패에게 맞아 기절하기도 했습니다.

그 후 제가 미국으로 유학을 가는 바람에 한동안 소식이 끊어졌는데 돌아와 보니 그 형제는 목사 안수를 받았을 뿐만 아니라 선교의 소명을 받아서 인도 선교사로 파송받은 사실을 알게 되었습니다. 인도에 가서도 편한 곳에서 목회하지 않고 한 번도 복음이 전해지지 않은 미전도 종족 지역만 골라 가서 사모님과 함께 현지인을 전도하여 교회를 세우고 또 다른 곳으로 옮겨 가는 사역을 했습니다.

이 목사님은 인도말을 얼마나 열심히 공부했는지 인도어로 설교도 유창하게 할 뿐 아니라 인도에 있는 의대에 들어가 의료 자격증까지 취득해 전기 침술로 사람들을 치료해 주며 전도하고 있습니다. 저는 지금까지 꾸준히 이 목사님의 삶을 지켜보면서 역시 무엇을 해도 열심히 하는 사람은 신앙생활도 제대로 한다는 사실을 알 수 있었습니다.

저는 신앙생활을 제대로 하지 않은 사람들을 보면 답답합니다. 다른 일에는 열심인데 주님을 섬기는 일에는 열심을 내지 않는 사람들을 보면 안타깝습니다. 우리는 열정의 방향을 잘 잡아야 합니다. 시간과 에너지를 주님께 드려야 합니다. 디도서에는 하나님께서 왜 우리를 구원하셨는지 그 이유가 나옵니다.

"그가 우리를 대신하여 자신을 주심은 모든 불법에서 우리를 속량하시고 우리를 깨끗하게 하사 선한 일을 열심히 하는 자기 백성이 되게 하려 하심이라."디도서 2장 14절

그렇습니다. 하나님께서 우리를 구원하신 이유는 먼저 깨끗한 백성이 되고 그다음에는 주님의 선한 일을 위해 열심을 내는 사람이 되도록 만들기 위해서입니다. 그러므로 젊을 때부터 삶의 방향을 제대로 잡아 최선을 다해 자신의 삶을 드리는 사람이 되는 것이 중요합니다.

4. 열정의 지속성

　　　　　　　마지막으로 한 가지만 더 이야기
하자면, 열정의 방향도 중요하지만 지속적으로 계속되는 열정
도 중요합니다. 이런 말이 있습니다. "누구든 열정에 불타는
때가 있다. 어떤 사람은 30분 동안, 또 어떤 사람은 30일 동안,
인생에 성공하는 사람은 30년 동안 열정을 갖는다."

　그렇습니다. 어떤 사람이 성공합니까? 누구나 잠시 동안의
열정을 가질 수는 있지만, 그 열정을 평생 유지하는 것은 쉬운
일이 아닙니다. 그러므로 결국 인생에 성공하는 사람은 진정으
로 자신의 열정을 불태울 대상을 발견하고, 그 열정을 평생 유
지하는 사람임을 알 수 있습니다.

　전문가는 탁월함을 추구하는 사람인데 사실상 탁월함은 오
랫동안의 열정의 결과입니다. 무술의 고수인 최영의 씨가 이런
이야기를 한 적이 있습니다.

　"어떤 (무예) 기술에 대해 3백 번 연습하면 흉내 낼 수 있고
다른 사람에게 그 기술을 보여 줄 수 있다. 또한 3천 번 연습하
면 실전에 쓸 수 있는 정도가 되고 평범한 무술인을 상대로 이
길 수 있다. 3만 번 연습하면 자신도 모르는 사이에 그 기술로
상대방을 제압하게 된다."

　최영의 씨가 이런 말을 했다는 것은 그가 자신의 기술을 개

발하기 위해 3만 번의 연습을 했다는 것을 의미합니다.

한국이 낳은 세계적인 발레리나 강수진 씨의 경우를 보십시오. 현존하는 최고령 발레리나이면서 최고의 발레리나 중의 한 사람인 그녀는 독일 슈투트가르트 발레단의 수석 발레리나로 활동했으며, 현재는 한국에서 국립발레단장으로 봉사하고 있습니다. 강수진 씨가 그 자리에 오르게 된 것은 인간의 상상을 뛰어넘는 지독한 연습과 훈련의 결과입니다.

언젠가 강수진 씨의 발이 매스컴에 소개되어 화제가 된 적이 있습니다. 아름다운 외모와는 달리 그녀의 발은 충격 그 자체였습니다. 얼마나 혹독하게 자신을 몰아붙이며 연습했는지 발가락뼈가 튀어나왔고 발톱은 뭉개져 있는데다 발가락 곳곳에는 옹이처럼 굳은살이 박혀 있었습니다. 그녀의 발은 하루 15-19시간씩 한 시즌에 자그마치 250켤레의 발레 슈즈를 바꿔 신을 만큼 혹독하게 자기 자신을 몰아붙였던 맹연습의 결과였습니다.[4]

요즘 1만 시간의 법칙이라는 것이 회자되고 있습니다. 1만 시간만 투자하면 그 분야의 전문가가 된다고 하는 일종의 자기계발 공식입니다. 그런데 강수진 씨는 자신의 연습 시간만 계산해도 20만 시간이 된다고 했습니다. 하루에 18시간씩 연습했고, 4시간 이상 자 본 적이 없다고 합니다.

강수진 씨가 한 말 중에 다음과 같은 말이 있습니다. "나는 보잘 것 없어 보이는 하루하루를 반복하여 대단한 하루를 만들어 낸 사람입니다. 지극히 규칙적이고 반복적인 일상이 위대함을 만듭니다." 그러면서 그녀는 "어떤 분야든 정상에 오른 사람들은 규칙적이고 지루한 인생을 갖고 있다."라고 말했습니다.

정상에 선 사람은 열정의 사람입니다. 그리고 그 열정을 오랫동안 유지하는 사람입니다. 이처럼 자신의 삶에 최선을 다하는 사람의 모습은 참으로 아름답습니다. 그래서 "프로는 아름답다."라는 말이 나온 것입니다. 프로가 아름다운 것은 자신의 일에 남다른 탁월함이 있기 때문입니다. 그리고 그 탁월함을 위해 그 누구도 따라갈 수 없는 열정을 오랫동안 불태웠기 때문입니다.

성경에 나오는 바울의 위대함은 그가 젊었을 때 주님을 한 번 만난 다음, 그의 열정이 단 한 번도 식지 않았다는 것에 있습니다. 그의 신앙에는 슬럼프가 없었습니다. 처음부터 끝까지 한결 같았습니다. 그 어떤 핍박과 어려움이 와도 주님의 복음을 전 세계에 전하고자 하는 열정은 결코 식지 않았습니다. 그래서 바울이 위대한 것입니다.

기억하십시오. 열정은 오랫동안 유지되어야 합니다. 그래야 그 열정이 아름다운 결과를 만들어 냅니다. 물이 수증기가 되려면 섭씨 100도가 되어야 합니다. 99도에서 100도까지는 불과 1도 차이지만 99도까지의 물은 그저 물일뿐입니다. 이것을 '임계점'이라고 합니다. 문제는 우리 모두가 삶의 자리에서 이 임계점에 도달할 때까지 열정을 유지하는 것이 쉽지 않은 것입니다.

5. 하나님의 열심

우리 인간에게도 열정이 있지만 하나님의 열심과는 비교할 수 없습니다. 하나님의 열정은 강렬하면서도 지속적입니다. 그것을 어떻게 알 수 있습니까? 하나님께서 우리 인간을 뜨겁게 사랑하셔서 무려 1,500년에 걸쳐 66권의 성경을 완성하신 것을 보면 알 수 있습니다. 상상이 가십니까? 무려 1,500년 동안이나 변하지 않고 지속된 뜨거운 사랑입니다. 그리고 사실상 자신의 피조물인 인간에 대한 하나님의 사랑과 열정은 천지창조가 시작된 이래로부터 지금까지 계속되고 있습니다.

하나님은 인류를 구원하기 위해 창세 전부터 계획을 세우시고 지난 수천 년 동안 조금도 지치지 않고 우리에게 관심을 보이셨습니다. 이와 같은 그분의 무한하신 열정이 저와 여러분의 운명을 영원히 바꾸어 놓은 것입니다. 성경은 곳곳에 하나님의 열심에 대해 이야기하고 있습니다.

"그 정사와 평강의 더함이 무궁하며 또 다윗의 왕좌와 그의 나라에 군림하여 그 나라를 굳게 세우고 지금 이후로 영원히 정의와 공의로 그것을 보존하실 것이라 만군의 여호와의 열심이 이를 이루시리라."이사야 9장 7절

"그러므로 주 여호와께서 이같이 말씀하셨느니라 내가 이제 내 거룩한 이름을 위하여 열심을 내어 야곱의 사로잡힌 자를 돌아오게 하며 이스라엘 온 족속에게 사랑을 베풀지라."에스겔 39장 25절

우리가 믿는 하나님은 열심이 있는 하나님입니다. 한 번 계획하고 작정하신 일은 반드시 이루시는 분입니다. 그리고 이같은 하나님의 열심이 최고조로 나타난 곳이 바로 갈보리 십자가입니다. 십자가는 인간에 대한 하나님의 열정이 절정을 이룬 곳입니다.

예수님이 십자가를 지기 위해 고난당하시고 죽으신 것을 기념하는 '고난주간'을 영어로 'the Passion Week'라고 합니다. '열정'이라는 뜻의 'Passion'이 사용되었습니다. 예수님의 고난과 죽음이 바로 우리를 향한 하나님의 사랑의 열정을 보여 주는 것이기 때문입니다. 그러므로 여러분은 열정의 사람이 되시기를 바랍니다. 하나님은 흐리멍덩하며 열정 없는 사람을 좋아하시지 않습니다. 예수님도 미지근하여 흐릿한 사람들에게 다음과 같이 말씀하셨습니다.

"네가 이같이 미지근하여 뜨겁지도 아니하고 차지도 아니하니 내 입에서 너를 토하여 버리리라."요한계시록 3장 16절

물을 마실 때도 아주 차갑거나 뜨거운 물은 맛있는데 미지근한 물은 삼키기가 힘듭니다. 우리는 영적으로도 확실하고 화끈한 사람이 되어야 합니다. 본인 자신도 열정의 사람이었던 사도 바울이 로마서에서 한 말을 기억하십시오. "부지런하여 게으르지 말고 열심을 품고 주를 섬기라."로마서 12장 11절

저와 여러분은 이와 같은 열정의 사람이 되어야 합니다. 특별히 하나님을 섬기는 데 있어서 게으르지 않고 최선을 다하는 사람이 되어야 합니다. 저는 언젠가 "청소년음주흡연예방

협회"에서 붙여 놓은 문구를 보고 큰 감동을 받은 적이 있습니다. "청소년들이 태워야 할 것은 담배가 아니라 열정입니다." 얼마나 멋진 말입니까?

오늘날 담벼락 한쪽에서 담배를 피우는 청소년들은 보기 쉽지만 열정에 불타는 청소년들을 보기는 힘듭니다. 청소년이나 청년의 매력은 뜨거운 열정과 빛나는 눈동자에 있습니다.

오늘날 아무 생각 없이 허송세월을 하는 젊은이들이 너무나 많습니다. 하지만 열정 없이 밋밋하게 살아가기에는 한 번밖에 없는 우리 인생이 너무나 아깝고 고귀합니다.

저는 여러분들이 주님이 맡기신 사명을 발견하여 그 사명을 위해 달려가며 젊음을 불태우는 사람들이 되기를 바랍니다. 그리고 그 무엇보다 뜨거운 열정을 갖고 주님을 사랑하는 사람들이 되기를 바랍니다. 하나님께서는 열정이 있는 사람을 사랑하십니다. 그리고 그런 사람을 축복하시고 그런 사람을 통해 주님의 일을 하십니다. 여러분 모두가 그런 열정의 사람들이 되기를 바랍니다.

"지금까지 인류가 이룩해 놓은 위대한 일들 가운데
열정 없이 이루어진 것은 없다."

_랄프 왈도 에머슨

　금세기 최고의 작곡가이자 피아니스트인 루빈스타인(Rubin-
stein)에게 누군가가 다음과 같은 질문을 했습니다. "당신의 성
공 비결은 무엇입니까?" 그러자 그는 뜻밖에 "무관심이지요."
라고 대답했습니다. 그래서 그것이 무슨 뜻이냐고 물어보니 그
는 "나는 음악 이외의 다른 일에는 무관심합니다."라고 대답했
습니다.

　이는 '선택과 집중'의 원리를 보여 주는 예입니다. 그렇습니
다. 열정도 중요하지만 열정의 대상을 신중하게 선택하여 거기
에 집중하는 것이 더 중요합니다. 왜냐하면 우리에게 있는 열정
의 에너지는 무한하지 않기 때문입니다. 그러므로 열정을 불태
울 대상을 제대로 선택하여 집중적으로 거기에 열정을 쏟아 붓
는 것이 중요합니다.

　'땅콩 박사'라는 별명으로 잘 알려진 조지 워싱턴 카버
(George Washington Carver)는 흑인 노예의 아들로 태어나 온
갖 멸시와 천대와 고난을 받았지만 그 모든 것을 신앙의 힘으로
이겨 내고, 결국 농과대학의 교수가 되어 인류를 위해 봉사하는
삶을 살며, 모두에게 존경받는 사람이 되었습니다.

　특별히 그는 여러 가지 잡다한 것을 연구하는 대신 자신의 연

구 주제를 '땅콩'으로 국한시켰습니다. 그는 땅콩 한 가지에 모든 열정을 집중시켜 땅콩으로 잉크, 물감, 구두약, 화장품, 식용유, 의약품, 밀가루, 비누, 접착제, 인조 대리석 등 300가지가 넘는 실용품을 만들어 냈습니다.[5] 그리하여 그는 '땅콩 박사'라는 별명과 함께 '세상을 변화시킨 노예'라는 별명을 얻었습니다.

우리나라에도 이와 비슷한 분이 있습니다. 바로 '옥수수 박사'라고 일컬어지는 '김순권 박사'입니다. 이 박사님도 독실한 신앙인으로 그 어디에도 한눈을 팔지 않고, 오로지 세계의 식량 문제를 해결하기 위해 옥수수 연구에 온 일생을 바쳤습니다.

그는 경북대학교와 고려대학교 대학원을 졸업하고, 1974년에 미국 하와이대학교에서 박사 학위를 받았습니다. 유학을 마치고 돌아온 그는 농촌진흥청에서 일하면서 병충해에 강하고 기존 옥수수보다 두 배나 크며 수확량이 월등히 많은 옥수수 종자인 '수원 19호, 20호, 21호'를 개발하는 데 성공했습니다.

그 후 김순권 박사는 1979년에 아프리카 나이지리아로 가서 아프리카 국제열대농업연구소(IITA)의 옥수수 육종 연구관으로 일하면서 당시 악마의 풀이라고 불리던 스트라이가와 공생하며 그 독성을 이겨 내는 신품종 옥수수를 개발하여 아프리카인들에게서 두 번이나 명예 추장으로 추대를 받았습니다.

그 후 17년 만에 귀국한 김순권 박사는 북한의 기아 문제를 해결하기 위해 60여 차례 북한을 방문하며 슈퍼 옥수수를 만들기 위해 노력했습니다. 이러한 활동으로 김순권 박사는 노벨상 후보에 다섯 번이나 오르기도 했습니다.

옥수수에 관한 그의 열정은 타의 추종을 불허합니다. 그는 미국 하와이대학교로 공부하러 갔을 때 '내가 한 시간을 낭비하면 한국의 농민들이 1년 더 배고픔을 겪어야 할지도 모른다'라는 생각으로 밤샘을 밥 먹듯 하며 옥수수를 연구했다고 합니다. 그러다가 치질 수술을 했는데 일주일 이상 입원하라는 의사의 권유를 뿌리치고 4일 만에 퇴원하여 무리하게 연구하다가 수술 부위가 터져 생명이 위험한 상태로 앰뷸런스에 실려 간 적도 있다고 합니다.[6]

그가 한창 일할 때는 3만 평의 옥수수밭을 걸어다니며 55만 포기가 넘는 옥수수를 일일이 손으로 수정시켰고, 아프리카에 있을 때는 1년 중 절반을 나이지리아 각지에 흩어져 있는 옥수수 농장을 찾아다니며 옥수수를 돌보기도 했습니다.

그가 아프리카에서 지낸 17년 동안 여행한 거리를 모두 합치면 100만 킬로미터가 훨씬 넘을 것이라고 하니 정말 대단한 열정이 아닐 수 없습니다.[7] 100만 킬로미터라면 지구를 수십 바퀴를 돌 수 있는 거리입니다. 그는 교통도 좋지 않은 아프리카 땅에서 밤늦게 혹은 새벽녘에 차를 몰고 다니면서 수없이 많이 죽을 고비를 넘겼다고 합니다.

그 외에도 그를 치명적으로 괴롭혔던 것이 말라리아였는데 그는 아프리카에 머무는 동안 무려 아홉 번이나 말라리아에 걸려 심하게 앓았고, 그중에 세 번은 거의 목숨을 잃을 뻔했다고 합니다. 그러나 그때마다 그는 자신이 1분을 더 고생하면 아프리카의 5억 인구 중 5천 명이 배불리 먹을 수 있을지 모른다는 생각으로 최선을 다했다고 합니다. 이와 같이 하나님의 사람은 자신에게 맡겨진 일에 언제나 최선을 다하며 열정을 불태우는 사람입니다.

2장

청년과 우정

평생의 동역자를
얻으라

당신의 가치를
계산하고 싶은가?
친구가 몇이나 되는지
헤아려 보라.

_메리 브라운

1. 친구의 중요성

흔히 인간을 사회적 동물이라고 말합니다. 인간은 혼자 고독하게 살 수 없는 존재이기 때문입니다. 아무리 뛰어난 사람도 친구 관계가 중요합니다. 전문가의 연구에 따르면 친밀한 관계의 결핍을 경험한 사람은 사망률이 두 배로 높아지는데, 이것이 한 사람의 건강에 미치는 영향은 40년간 하루 한 갑씩 담배를 피운 것과 맞먹을 정도라고 합니다.[1]

그러므로 우리가 인생을 살면서 평생토록 진실한 우정을 나눌 수 있는 친구를 소유한다는 것은 하나님이 주신 큰 축복입니다. 하나님은 스스로 계신 분이시고, 어느 누구의 도움도 필요 없으신 분이십니다. 그러나 성경을 보면 그 하나님도 삼위

일체의 형태로 존재하십니다. 그러므로 하나님은 관계의 하나님입니다.

우리도 마찬가지입니다. 인간도 하나님의 형상대로 창조되었기 때문에 하나님과 다른 사람과의 관계를 통해 우리 자신이 진정으로 어떤 존재인지를 알 수 있습니다. 말콤 머거릿지(Malcom Muggeridge)는 "오늘날의 가장 큰 질병은 문둥병이나 결핵이 아니라, 누구도 자신을 원하지 않고 누구도 자신을 돌보지 않으며 모두에게 버림받았다는 느낌이다."라는 말을 한 적이 있습니다.

그렇습니다. 오늘날 현대인의 가장 큰 문제는 고독입니다. 나의 말에, 나의 삶에, 나의 형편에 진정으로 관심을 가져 줄 사람이 없다는 것이 가장 큰 비극입니다. 그러므로 나의 옆에 진정으로 나에게 관심을 가져 주는 친구가 있다면, 그것은 나의 인생에 가장 큰 축복입니다.

진실한 친구는 보석 같은 존재입니다. 2013년 6월 13일 미국 캘리포니아 주 칼즈배드 시의 엘카미노 크리크 초등학교에서 있었던 일입니다. 이 학교에 재학 중인 트래비스 셀린카(10)는 뇌종양 때문에 7주간 방사선 치료를 받아야 했습니다. 트래비스는 방사선 치료 후에 다행히 건강을 회복해서 학교에 다닐 수 있게 되었지만 치료 중에 다 빠져 버린 머리카락 때문에 고민이 되었습니다. '친구들이 내 머리를 보고 어떻게 생각할까? 혹시 놀리지는 않을까?' 하고 걱정하며 교실로 들어갔는데 이내 깜짝 놀라고 말았습니다. 같은 반 남학생 15명 모두가 삭발을 하고 왔기 때문입니다. 지금껏 암과 싸워 온 트래비스에게 용기를 주기 위해 친구들이 모두 삭발을 한 것입니다. 친구들의 아름다운 우정에 감동한 트래비스는 눈물을 흘렸습니다. 미국의 한 신문에서는 이 상황을 이렇게 보도했습니다. "트래비스는 최고의 행운아다. 그는 비록 머리카락을 잃었지만 인생 최고의 보물인 '친구'를 얻었다."[2] 진실한 우정이 무엇인지에 대해 생각하게 해 주는 감동적인 이야기가 아닐 수 없습니다.

우리가 어릴 때는 부모님과의 관계가 중요합니다. 그래서 부모님이 하시는 말씀이 엄청난 권위를 갖게 되고, 부모님이 하시는 행동에 엄청난 영향을 받습니다. 그러나 10대 때부터는 부모님과의 관계보다는 또래 관계가 더 중요합니다. 대부분의 아이들이 그전까지는 부모님의 말에 귀를 기울였다면 이제는 친구들의 말에 더 귀를 기울이게 됩니다. 그러므로 이러한 때 어떤 친구를 만나느냐 하는 것은 한 사람의 인생에서 매우 중요합니다.

인생에서 나를 이해해 주고 나를 올바른 쪽으로 도와주는 친구를 만나는 것은 일생일대의 큰 행운입니다. 중국 고사성어 중에 '관포지교'(管鮑之交)라는 말이 있습니다. 이 말의 유래는 다음과 같습니다. 중국 제 나라에 관중이라는 탁월한 재상이 있었습니다. 그런데 관중이 처음부터 훌륭하고 탁월하지는 못했습니다. 젊은 시절 그는 포숙이라는 친구와 생선 장사를 했는데 관중은 포숙보다 늘 많은 이익을 챙겼습니다. 이 사실을 알고 마을 사람들이 관중을 비난하자 포숙이라는 친구는 그를 감싸 주었습니다. 관중이 욕심이 많아서 그런 것이 아니라 집 안이 더 가난하고 딸린 식구가 많아서 그렇게 하기로 한 것이라고 말해 주었습니다.

전쟁터에 나갔을 때에도 포숙은 늘 맨 앞에서 용감히 싸우는데 관중은 늘 뒤로 꽁무니를 뺐습니다. 병사들이 관중을 비난하자 다시 포숙이 그를 감싸고 나섭니다. 관중이 비겁해서가 아니라 몸을 아껴 그의 늙으신 부모님께 효도하기 위한 것이라고 말입니다. 그 후에 관중이 포로로 잡혀가자 이번에도 포숙이 몸을 아끼지 않고 적진에 들어가서 관중을 구해 줍니다.

이런 친구의 사랑을 먹고 자란 관중은 나중에 탁월한 성품과 재능을 지닌 훌륭한 인물이 됩니다. 후에 관중은 포숙의 눈물 어린 우정을 기억하며 '생아자 부모, 지아자 포숙'(生我者, 父母, 知我者, 鮑叔)이란 말을 했습니다. "나를 낳아준 것은 부모이지만 나를 알아 준 것은 포숙이었다."라는 뜻입니다. 즉 자신의 잘못을 덮어 주고 용서해 주며 단점을 고쳐 준 친구 포숙이 있었기에 오늘날의 관중이 있을 수 있었다는 고백입니다. 이 같은 두 사람의 우정을 사람들은 나중에 관포지교(管鮑之交)라고 불렀습니다.

헨리 포드(Henry Ford)는 다음과 같은 말을 했습니다. "가장 좋은 친구란, 내 안에서 최상을 이끌어 내는 사람이다."³ 미국 작가 휴 프레이더(Hugh Prather)도 이런 말을 했습니다. "내가 선물을 주고, 내 꿈을 위임하고, 나의 결함이나 탈선을 용서해 주고, 내가 차마 꺼내기 힘든 이야기를 털어놓을 수 있는 누군가가 없다면, 나는 인간이 아니라 하나의 물건이며 기계일 뿐이다."

성경에도 이런 말씀이 있습니다.

"두 사람이 한 사람보다 나음은 그들이 수고함으로 좋은 상을 얻을 것임이라 혹시 그들이 넘어지면 하나가 그 동무를 붙들어 일으키려니와 홀로 있어 넘어지고 붙들어 일으킬 자가 없는 자에게는 화가 있으리라." 전도서 4장 9-10절

성경은 두 사람이 한 사람보다 낫다고 하면서 "홀로 있어

넘어지고 붙들어 일으킬 자가 없는 자에게는 화가 있으리라."고 말합니다. 조지 스윈녹(George Swinnock)은, "사탄은 호위자 없이 항해하는 배들을 주시한다."라는 말을 했습니다. 인생길을 혼자 걷게 되면 유혹도 많고 넘어질 때 일으켜 줄 사람도 없습니다. 그러므로 자신의 인생에서 함께할 좋은 친구를 사귀는 것은 젊을 때 꼭 해야 할 중요한 일입니다.

오늘날 세상이 각박해지면서 진실한 친구는 점점 줄어들고 있고, 사람 간의 관계는 피상적으로 흐르고 있습니다. 또한 친구라기보다는 이해 관계로 서로의 만남을 갖는 경우도 많이 있습니다. 그러므로 이런 때일수록 그리스도인들은 주님 안에서 좋은 친구를 많이 만들고 그 우정을 평생 이어가야 합니다.

2. 다윗과 요나단의 우정

성경에 보면 참으로 아름다운 친구 간의 우정이 나옵니다. 바로 다윗과 요나단의 우정입니다. 요나단은 이스라엘의 초대 왕인 사울의 아들입니다. 다윗은 일개 목동이었다가 거인 골리앗을 물리치고 나중에 사울에 이어 두 번째로 이스라엘의 왕이 되었습니다.

원래 순서대로 하면 사울의 아들 요나단이 왕이 되어야 하지만 사울이 교만하여 하나님의 뜻에 순종하지 않음으로 하나님께서는 사울을 폐하시고 다윗에게 왕위를 물려 주셨습니다.

그렇게 볼 때 요나단의 입장에서는 다윗은 강력한 라이벌입니다. 다윗만 없으면 사울이 죽고 난 뒤에 자신이 왕이 될 수 있기 때문입니다. 실제로 요나단의 아버지인 사울은 자신의 왕위가 위태로워질 것으로 생각하여 평생 다윗을 죽이고자 찾아다녔습니다. 그러나 놀랍게도 요나단은 다윗을 미워하지 않았습니다. 오히려 그는 다윗을 사랑했고, 진실한 우정으로 그를 대했습니다.

성경에 보면 요나단이 다윗을 처음 만나는 장면이 나옵니다. 사무엘상 18장 1절입니다. "다윗이 사울에게 말하기를 마치매 요나단의 마음이 다윗의 마음과 하나가 되어 요나단이 그를 자기 생명 같이 사랑하니라."

한마디로 말하면 다윗에게 첫눈에 반했다는 말입니다. 그것이 어떻게 가능했을까요? 요나단이 다윗을 사랑한 것은 다윗에게 무슨 인간적인 매력이 있어서 그런 것이 아닙니다. 요나단은 하나님을 의지하여 골리앗을 죽이는 다윗의 모습을 보고 큰 감동을 받았습니다. 다윗은 비록 체구는 작았지만 하나님의 이름 때문에 골리앗과 맞서 싸웠습니다. 그리고 그러한 다윗을 하나님은 도와주셨습니다. 요나단은 다윗의 용기와 다윗과 함께하시는 하나님의 역사하심을 보고 큰 감동을 받았습니다.

이로써 요나단은 다윗을 평생 사랑해 주고 보호해 주어야겠다는 마음을 갖게 되었습니다. 신앙인만이 가질 수 있는 진실되고 아름다운 우정이 아닐 수 없습니다. 다윗과 요나단의 우정은 그 후에도 계속 아름답게 이어집니다. 요나단은 다윗을 죽이려 하는 자신의 아버지로부터 다윗을 숨겨 주었고, 그로 인해 자신의 아버지 사울에게 미움을 받고 목숨의 위협을 느끼기도 합니다.

안타깝게도 그 후 요나단은 사울과 함께 전쟁터에서 비참하게 죽고 맙니다. 비록 다윗의 입장에서는 자신을 죽이려 했던 사울의 가문이 몰락한 것이었지만, 다윗은 요나단과의 우정으로 인해 그들의 죽음을 안타까워하며 애도의 시를 읊어 줍니다. 요나단에 대한 다윗의 우정은 이것으로 끝난 것이 아닙니다. 나중에 다윗은 요나단의 남은 자녀가 있는지 살펴보다가 므비보셋이라는 요나단의 아들을 발견합니다.

므비보셋은 다리에 장애가 있었는데 다윗이 자신을 찾는다는 말을 듣고 심히 두려워합니다. 왜냐하면 당시 왕들은 자신을 대적하던 상대편 가문이 있다면 철저히 씨를 말리는 것이 일반적이었기 때문입니다. 우리나라에서도 반역자는 삼족까지 멸했던 것을 기억합니다. 이것은 자신의 원수 가문에서 자녀가 나오면 나중에 그들이 커서 다시 자신을 치러 올 수도 있었기 때문에 후환을 없애고자 행했던 조치였습니다.

그러나 다윗은 므비보셋에게 해를 가하기는커녕 오히려 그에게 재산을 주고 그를 궁중에 불러 자신과 함께 식탁에 앉아서 먹게 합니다. 이는 정말 대단한 선심을 베푸는 일입니다. 그리고 재미있는 것은 다윗과 요나단의 우정은 죽은 뒤에도 계속되었다는 사실입니다. 이는 무슨 신학적인 근거가 있는 것이 아니라 기독교 소설가 김성일 씨가 나름대로 작가적인 상상력을 발휘해서 한 말을 제가 옮긴 것입니다. 다윗이 죽고 난 뒤에 나중에 다윗 가문인 유다 지파에서 예수 그리스도가 나왔는데 예수님은 그가 가장 위대하게 쓰실 사도를 선택할 때 요나단의 가문인 베냐민 지파에서 사울을 택해 역사상 가장 위대한 하나님의 사람으로 썼다는 것입니다. 나름대로 재미있는 상상이 아닐 수 없습니다.

우리 인생에 이런 좋은 친구가 있다면 그것은 참 큰 축복입니다. 여러분에게도 그런 친구가 있습니까? 저는 이 책을 쓰면서 기억나는 친구가 있는데 그분은 바로 김한욱 목사입니다. '해피데이 전도 시스템'으로 한국 교회에서 꽤 유명한 분인데, 저는 이분을 옛날 대학교 시절 때 성경공부 동아리에서 만났습니다. 그런데 이분과 만나서 몇 마디 해 보지 않고 저는 바로 이분에게 깊이 빠져들었습니다. 왜냐하면 김 목사님 안에 있는 하나님이 정말 아름다웠기 때문입니다. 이분의 간증을 듣고 나니 큰 은혜가 되었습니다. 그중에 지금도 기억에 남는 이야기가 하나 있습니다.

김 목사님이 고등학교 때 집이 가난하여 학교 매점에서 일하며 숙식을 해결했는데, 근처 개척 교회에 예배드리러 갔다가 신발을 잃어버린 것입니다. 수요 예배를 드리려고 신발을 벗어 놓았는데 그게 없어진 것입니다. 어머니가 얼마 전에 사 주신 새 운동화였는데 말입니다. 그래서 담임목사님과 한 시간 정도 신발을 찾다가 결국은 못 찾아서 목사님이 주신 고무신을 신고 버스를 탔는데 갑자기 마음속에 하나님이 어디 있느냐는 생각이 드는 것이었습니다.

하나님이 살아 계시다면 내 신발 하나도 못 지켜 주시겠는가 하고 생각하니 하나님이 없다는 생각이 든 것입니다. 그래서 버스 안에서 이제 앞으로는 교회에 다니지 않겠다고 결심했습니다. 어차피 하나님도 안 계신데 젊은 나이에 신앙생활을 한다고 인생 낭비하지 말고, 이제 내 마음대로 내 편한대로 살아야겠다고 생각한 것입니다.

그런데 버스가 시내에 멈추어 서자 젊은 친구들이 우르르 올라와서 타는데 바로 앞에 서 있는 사람의 신발을 보니 어디서 많이 본 신발이었습니다. 너무 놀라서 유심히 보았는데 아무리 보아도 자기 신발이었습니다. 특별히 그때 신발 옆쪽에 본드가 흘러내린 자국이 있었는데, 그 자국도 그대로 똑같이 있었습니다.

목사님은 그때 버스 제일 뒷자리에 앉아 있었는데 조용히 일어나 그 사람 옆으로 가서 귀에 대고 "저기요, 그거 제 신발입니다."라고 말했다고 합니다. 그러자 그 사람은 당황하며 "뭐요?"라고 대답하더랍니다. 그래서 다시 같은 목소리로 자기 신발이라고 하니까 그 사람 옆에 있는 친구들이 눈치를 채고 "뭐야?" 하면서 자기에게 시비를 걸어왔다고 합니다.

그래서 그 순간 너무 화가 나서 김 목사님은 큰 소리로 "아저씨, 여기 차 세워요."라고 말하고 그때부터 일장 연설을 했다고 합니다. 아무리 훔칠 것이 없다고 해도 교회에서 예배드리는 사람의 신발을 훔쳐 가면 어떻게 하느냐고, 하마터면 당신들 때문에 하나님이 없다고 신앙을 버릴 뻔하지 않았느냐고 그렇게 소리쳤는데 신발을 훔쳐 간 그 젊은 사람이 한참을 듣더니 통곡하며 울기 시작하더랍니다. 그래서 목사님은 괜찮다고 하며 달래 주고 버스에서 내렸는데 정말 마음에 감동이 오더랍니다.

어떻게 하나님이 그렇게 정확하게 잃어버린 신발을 자기 앞에 가져다 놓으셨는지 생각하면 할수록 무척 신기하다고 했습니다. 그리고 하나님이 계시다는 사실이 무척 감사하고 행복하다고 했습니다. 그러면서 자신은 '신'(shoes)을 잃어버리고 '신'(God)을 찾았다고 간증하는데 정말 은혜가 되었습니다.

그 외에도 몇 가지 더 놀라운 간증을 들으면서 바로 그분과 마음이 합일이 되었습니다. 다윗과 요나단의 마음이 이해가 되었습니다. 그렇게 해서 당시 김한욱 전도사님을 만났는데 지금까지 30년 가까이 되었지만 지금도 깊은 우정을 나누고 있습니다. 서로가 힘들 때 힘이 되어 주는 그런 사이입니다.

과거에 김 목사님이 교회를 개척할 때 저는 없는 형편에 개척 자금을 지원해 주었고, 제가 교회를 개척해서 지금 있는 성전으로 들어올 때는 김 목사님의 교회에서 물질적으로 도와주었습니다.

하나님께서 허락하신다면 우리의 귀한 우정은 앞으로도 계속될 것입니다. 이것이 저에게는 큰 축복입니다.

3. 영적인 우정

청소년이나 청년 시절부터 좋은 친구를 사귀는 것은 매우 중요합니다. 그런데 특별히 기독교인들은 단순한 우정이 아닌 영적인 우정을 나눌 수 있는 신앙의 친구가 있어야 합니다. 단지 인간적으로 친한 친구와 영적으로 깊은 우정을 나눌 수 있는 친구는 차원이 다릅니다.

성경은 우리가 누리는 사귐과 우정의 중심에 무엇이 있어야 하는지를 분명하게 말씀합니다.

"우리가 보고 들은 바를 너희에게도 전함은 너희로 우리와 사귐이 있게 하려 함이니 우리의 사귐은 아버지와 그의 아들 예수 그리스도와 더불어 누림이라." 요한일서 1장 3절

세상에는 여러 사귐이 있지만 예수 그리스도를 중심으로 하지 않는 사귐은 오래 가지 않습니다. 특별히 술친구나 이해 관계로 맺어진 친구는 진정한 친구가 될 수 없습니다. 상황이 달라지면 언제나 헤어질 수밖에 없습니다. 그러나 신앙으로 맺어진 친구 관계는 영원합니다. 특별히 누군가에게 예수 그리스도를 소개해 줄 수 있다면, 그 사람과의 사귐은 영원으로 이어지는 진정한 우정이 될 수 있습니다.

이에 관해서는 C. S. 루이스의 이야기가 있습니다. 그는 『순전한 기독교』(홍성사, 2005)와 같은 탁월한 기독교 변증서들과 아동들을 위한 『나니아 연대기』(시공주니어, 2005)와 같은 기독

교 판타지 소설을 쓴 20세기의 가장 위대한 기독교 변증 작가로 알려져 있습니다. 그런데 그는 옥스퍼드대학교에서 강의를 시작했을 때만 하더라도 무신론자였습니다.

그러다가 어느 날, 옥스퍼드대학교의 무신론 교수인 T. D. 웰든에게 복음서들이 정말 놀랍도록 역사적인 신빙성을 갖고 있다는 이야기를 듣게 되었습니다. 이 말을 들은 루이스는 큰 충격을 받았습니다. 그는 그때까지 신약성경의 이야기는 역사적 사실이 아닌 신화에 불과하다는 생각을 하고 있었기 때문입니다. 그런데 자신이 지금까지 알고 있던 무신론자 가운데 가장 적극적이고 전투적인 무신론자였던 T. D. 웰든 교수조차도 복음서의 역사성을 인정할 수밖에 없다면 자신의 생각이 잘못되었을 수도 있다는 사실을 깨닫게 된 것입니다.[4]

그리하여 루이스는 하나님의 존재를 인정하는 유신론자로 변했습니다. 그러나 그는 여전히 예수 그리스도를 구세주로 인정하는 단계까지는 이르지 못하고 있었습니다. 그러던 그가 극적인 변화를 경험한 것은 바로 그의 친구였던 휴고 다이슨과 톨킨과의 깊은 대화를 통해서입니다. 운명의 날인 1931년 9월 19일, 이 세 사람은 모들린 칼리지(Magdalen College) 안에 있는 에디슨 산책로를 거닐며 대화를 나누고 있었습니다.

무엇보다 루이스가 결정적으로 회심하게 된 계기는 톨킨이

던진, 다음과 같은 질문 때문이었습니다. "자네는 예수 그리스도를 누구라고 생각하는가?" 루이스는 "선한 도덕 군자였지. 어쩌면 역사상 가장 위대한 도덕 선생이었을 거야."라고 대답했습니다. 여기에 대한 톨킨의 답변은 이러했습니다. "그것은 불가능한 이야기야. 그가 그저 선한 도덕 군자였을리는 없네! 그의 주장을 살펴보게."[5]

톨킨은 예수님의 신적 주장을 여러 개 인용하면서, 만일 예수가 스스로 주장한 그런 존재가 아니라면 그는 사기꾼이거나 미치광이였을 수밖에 없다고 말했습니다. 대화가 계속되면서 톨킨과 루이스는 예수 그리스도가 사기꾼이나 미치광이일 가능성을 살펴보았습니다. 사람들이 거짓말을 하거나 사기를 치는 이유는 그것으로 자신이 높아지거나 이익을 얻기 위함인데 예수는 오히려 자신의 그런 주장으로 인해 목숨을 잃었습니다. 그러므로 그가 사기꾼일 가능성은 없었습니다.

또한 예수님이 미치광이라고 할 만한 근거도 없었습니다. 왜냐하면 그의 삶에서 나타난 기적과 이적들은 그의 주장을 뒷받침하는 것이기 때문입니다. 또한 예수 그리스도가 자신이 주장한 대로 죽음을 이기고 3일 만에 부활했다는 것도 무시할 수 없는 역사적 사실이었습니다. 이 같은 대화는 루이스의 방으로 옮겨 와 새벽 3시까지 이어진 대화를 통해 계속되었습니다. 그로 인해 루이스는 인생의 방향을 바꾸게 되었습니다.

12일 후 루이스는 그날 있었던 일에 대해 아서 그리브즈에게 편지를 썼습니다. "나는 방금 하나님을 믿는 단계에서 예수 그리스도를 확실히 믿는 단계, 기독교를 믿는 단계로 들어섰다네…다이슨과 톨킨과 함께 밤새 나눈 대화의 영향이 크다네."[6]

그는 이때부터 지적으로, 영적으로 예수님께 헌신했습니다. 그 후 30여 년 동안 C. S. 루이스는 기독교 변증론에 지대한 영향을 미친 수많은 걸작들을 탄생시켰습니다.

그날 밤 루이스와 함께 깊은 영적 대화를 나누었던 톨킨도 이후 자신의 신앙을 바탕으로 신화에 관한 연구를 통합해서 판타지 소설을 쓰기 시작했습니다. 그렇게 해서 나온 작품이 바로 『반지의 제왕』(The Lord of The Rings)입니다. 이 작품을 쓴 J. R. R. 톨킨은 1933년에 루이스에게 그의 『호빗』(The Hobbit) 초고를 보여 주었고, 루이스는 그것에 아낌없는 찬사를 보냈습니다. 그는 C. S. 루이스의 찬사를 매우 소중하게 여겼고, 나중에 "그의 관심과 그칠 줄 모르는 열정이 없었다면 나는 『반지의 제왕』을 마치지 못했을 것이다."[7]라고 말했습니다.

이 얼마나 의미 있고 아름다운 우정입니까?

우리가 알아야 할 것은 친구 사이의 우정도 중요하지만 그것이 영적으로 깊이 맺어진 우정일 때 진정으로 영원까지 이어지는 우정이 될 수 있다는 것입니다. 그러므로 여러분의 친구가 아직까지 예수 그리스도를 모르고 있다면 그에게 예수님을 소개하고 전하십시오. 친구에게 줄 수 있는 가장 귀한 선물은 바로 예수 그리스도입니다.

제가 인생을 살아 보니 전도하는 것도 다 때가 있는 것 같습니다. 10대, 20대일 때 친구들을 전도해야지 나이가 마흔이 넘으면 사람의 마음이 강퍅해져 전도가 잘 안 됩니다. 젊을 때 전도해서 예수님을 믿게 해야 그 친구가 평생 친구가 될 수 있지, 전도의 기회를 놓쳐 버리고 나면 결국 그 친구를 잃어버리게 됩니다. 왜냐하면 신앙이 없으면 사고방식이나 세계관, 가치관이 점점 달라져서 나이가 들수록 더욱 멀어지기 때문입니다.

반면에 신앙의 친구는 오래갑니다. 만나면 영적인 대화를 나눌 수 있고 삶의 목적이나 추구하는 가치가 일치하는 친구는 묵은 포도주처럼 나이가 들수록 그 가치를 더해 갑니다. 그러므로 인생을 살면서 좋은 친구를 만난다는 것은 참으로 귀한 축복 중의 하나입니다. 더군다나 신앙의 친구를 사귈 수 있다면 그것만큼 좋은 것이 없습니다. 성경에는 이런 말씀이 있습니다.

"철이 철을 날카롭게 하는 것 같이 사람이 그의 친구의 얼굴을

빛나게 하느니라."^{잠언 27장 17절}

좋은 친구는 우리의 얼굴을 빛나게 만듭니다. 그러므로 여러분은 만남의 축복을 달라고 많이 기도하셔야 합니다. 좋은 친구를 만나는 것은 인생에서 그 무엇보다 중요한 것이기 때문입니다.

4. 우정을 맺고 유지하는 법

아리스토텔레스는 "친구가 되려는 마음을 품는 것은 간단하지만, 우정을 이루기까지는 많은 시간이 걸린다."라는 말을 했습니다. 그렇습니다. 좋은 친구로 관계를 맺기 위해서는 시간을 투자해야 합니다. 제임스 보즈웰(James Boswell)도 "우정이 형성되는 정확한 순간은 아무도 알 수 없다."라고 말하면서 "물을 한 방울 한 방울 채우다 보면 마침내 그릇이 넘쳐흐르듯, 누군가의 가슴을 사랑으로 끊임없이 채우다 보면 마침내 가슴을 울릴 것이다."라는 말을 했습니다.

그러므로 친구를 얻기 위해서는 먼저 자신을 희생하고 손해 볼 각오를 해야 합니다. 내가 먼저 낮아지고 내가 먼저 다가갈 때 진정한 우정의 관계가 형성됩니다. 무디(D. L. Moody)는 이런 말을 했습니다. "사해(死海)는 왜 죽음의 바다가 되었을까요? 시간이 준 모든 것을 받아들이기만 할 뿐 아무 것도 내 주지 않은 탓입니다. 수많은 우정들이 어찌하여 갈수록 시들어질까요? 무엇을 더 받을까 기다리기만 할 뿐 먼저 베풀지 않기 때문입니다."[8]

우정을 맺는 것도 중요하지만 그것을 지속적으로 유지해 나가는 것도 중요합니다. 사람이 오랫동안 우정을 쌓다 보면 그 우정이 편안하게 느껴지기 쉽습니다. 그러나 그 우정을 당연하게 생각해서는 안 됩니다. 지속적인 우정을 위해서 계속적으로 관심과 정성을 기울여야 합니다. 이를 위해 언제나 상대방을 존중하는 자세가 필요합니다. 상대방을 나보다 낮게 여기고 끝까지 겸손한 자세를 유지하는 것이 필요합니다.

C. S. 루이스의 친구 중 한 명인 오웬 바필드(Owen Barfield)는 C. S. 루이스가 점점 명성을 얻어 감에도 친구들을 대하는 태도가 여전히 겸손했음을 강조합니다. "나는 그의 견해가 옛 친구들의 견해보다 더 존중받을 자격이 있음을 암시하는 듯한 그의 말 한마디, 침묵 혹은 그런 눈짓을 단 한 번도 본 적이 없다. 유명해진 사람들 중에 이런 태도를 보일 수 있는 이가 과연 얼마나 될지 궁금하다."[9]

가까운 사이일수록 상대방을 더 존중하고 귀하게 여겨야 합니다. 특별히 친구들에 비해 자신의 위치가 더 높아졌을 때 이런 태도는 아주 중요합니다. 이것은 우정의 가치가 얼마나 중요한지를 아는 사람만이 할 수 있는 태도입니다.

5. 최고의 친구

우리가 친구에 관한 이야기를 할 때, 빠뜨릴 수 없는 분이 있습니다. 바로 예수님입니다. 예수님은 저 높은 하늘 보좌에 계신 하나님이시지만, 우리를 구원하기 위해 친히 이 땅에 찾아오셨습니다. 그리고 제자들을 불러 세우셨는데 십자가에 못 박히시기 전에 이런 말씀을 하셨습니다.

"사람이 친구를 위하여 자기 목숨을 버리면 이보다 더 큰 사랑이 없나니 너희는 내가 명하는 대로 행하면 곧 나의 친구라 이제부터는 너희를 종이라 하지 아니하리니 종은 주인이 하는 것을 알지 못함이라 너희를 친구라 하였노니 내가 내 아버지께 들은 것을 다 너희에게 알게 하였음이라." 요한복음 15장 13-15절

이 세상의 어느 신이 자신을 친구로 부르라고 말합니까? 참으로 놀라운 이야기입니다. 온 우주를 만드신 그 위대하신 하나님이 보잘것없는 저와 여러분을 '친구'라고 불러 주시며 다가와 주십니다. 이것은 그분이 나를 자신과 동등한 인격체로 대해 주신다는 말이며, 나와 깊은 이야기까지 나누고 친밀하게 지내고 싶어 하신다는 말입니다. 이 얼마나 놀라운 축복이요, 특권입니까?

스티브 윙필드(Steve Wingfield)는 자신의 책 『우정』(*The Friendship Book*)에서 우리를 친구로 대해 주기 원하시는 예수님의 모습을 다음과 같이 묘사합니다.

"예수님은 사람들의 일상적인 문제에 의도적으로 개입하셨고, 그들과 친구로서 관계를 맺으셨다. 예수님은 전혀 다른 시각으로 사물을 보셨다. 그분은 예수님이 지나가는 것을 보기 위해 나무로 올라간 세리의 존재를 알아차리셨다. 병을 치료받기 위해 만성 혈루병을 앓던 여인이 그분의 옷자락을 만졌을 때 예수님은 그녀의 손길을 알아차리셨다. 그러자 그녀는 더 이상 붐비는 군중 속에서 익명의 존재로 남아 있지 않게 됐다. 예수님께서 사도로 부르심을 받은 한 사람 한 사람 모두에게 예수님은 친구로 다가가셨다. 바다 위의 배에 있어도, 세무서 책상 뒤에 앉아 있어도 주님의 우정에서 벗어날 수 없었다."[10]

그렇습니다. 성경에 나오는 예수님은 초월적인 존재로 멀리서 우리를 가만히 지켜보는 분이 아니었습니다. 거리감을 두고 억압적으로 우리를 대하면서 지키지도 못할 명령만 남발하는 그런 분이 아니었습니다. 오히려 그분은 따뜻한 음성과 몸짓으로 우리에게 다가오시며 친구가 되어 주시는 하나님으로 자신을 드러내셨습니다.

예수님은 우리 개인의 삶에 관심이 있으시며 인간의 아픔과 고통에 귀 기울이시는 그런 하나님을 보여 주셨습니다. 스티브 윙필드는 계속해서 다음과 같이 말합니다.

"외로움에 젖어 있는 당신을 예수님은 묵과하지 않으신다. 당신이 빛으로부터 물러나는 것을 보고만 있지 않으신다. 그분은 우리를 있는 그대로 받아들이신다. 그분의 얼굴은 따뜻한 표정들로 가득하다. 그분의 눈은 가슴에서 우러나오는 사랑으로 반짝인다. 예수님은 현재 우리가 누구인지만을 보시는 것이 아니라 우리가 어떤 사람이 될 수 있는지도 보신다."[11]

특별히 우리와 친구가 되어 주신 예수님은 스스로 목숨을 내어 주신 우리의 참 친구입니다. 좀 전에 읽은 말씀에서 예수님은 "사람이 친구를 위하여 자기 목숨을 버리면 이보다 더 큰 사랑이 없나니."요한복음 15장 13절라고 말씀하셨습니다. 주님은 말로만 이렇게 하신 것이 아니라 실제로 여러분 한 사람 한 사람을 위해 십자가 위에서 목숨을 내어 주셨습니다.

이렇게 귀한 친구를 소유한 저와 여러분들은 참으로 복된 존재입니다. 공포와 두려움의 대상으로 나타나지 아니하시고, 목숨 바쳐 사랑하는 존재로 다가오시는 하나님께 우리는 감사해야 합니다. 그리고 그분을 친구 삼아 인생의 외로움을 극복하며 승리하는 삶을 살아야 합니다.

사실 인생이라는 것은 참으로 외롭고 고달픈 것입니다. 그래서 하나님은 예수 그리스도를 친구로 보내 주시고 각자의 삶에도 친구를 허락해 주셨습니다. 또한 더 확대된 친구요, 믿음의 공동체인 교회 공동체도 허락해 주셨습니다. 그래서 어떤 교회를 선택하여 다니는가 하는 것도 대단히 중요한 문제입니다.

엄밀히 말해 이 세상에 존재하는 모든 진실한 우정은 하나님께로부터 나온 것입니다. 하나님은 사람들 안에 관계에 대한 필요성을 집어넣으셨습니다. 그리고 우리가 겪는 슬픈 이별과 기쁜 환영과 따뜻한 동료애와 같은 가장 깊은 감정을 창조하셨습니다. 그러므로 하나님께서는 모든 우정의 근원이 되십니다.[12] 그러므로 여러분의 우정 또한 신앙이 바탕이 되어 하나님의 사랑을 더 풍성하고 아름답게 드러내는 도구로 사용되어야 합니다.

"우정은 하나님이 사람을 사용해 우리를 사랑하시는 방법이다."

_스티븐 스모커

••• 영적 동역자

신앙 안에서 만난 친구들은 평생 하나님 나라를 위한 영적 동역자가 될 수 있습니다. 이것이 믿음 안에서 갖는 우정이 주는 놀랍고 고귀한 축복입니다. 아프리카 속담 중에 이런 말이 있습니다. "빨리 달리려면 혼자 달리고, 멀리 달리려면 함께 달려라." 우리가 믿음의 친구를 동역자로 둔다면, 주님의 일을 할 때 지치지 않고 장기간 오랫동안 감당할 수 있습니다.

성경에 나오는 다니엘과 세 친구들의 경우를 보더라도 그들은 어려운 시험을 당했지만 믿음 안에서 서로 의지함으로 승리한 것을 볼 수 있습니다. 특별히 다니엘이 느부갓네살 왕의 꿈을 해석할 때도 혼자서 그 일을 한 것이 아니라 믿음의 친구들과 같이 합심 기도하여 그 일을 이루어 냈다는 사실이 중요합니다.

"다니엘이 들어가서 왕께 구하기를 시간을 주시면 왕에게 그 해석을 알려 드리리이다 하니라 이에 다니엘이 자기 집으로 돌아가서 그 친구 하나냐와 미사엘과 아사랴에게 그 일을 알리고 하늘에 계신 하나님이 이 은밀한 일에 대하여 불쌍히 여기사 다니엘과 친구들이 바벨론의 다른 지혜자들과 함께 죽임을

당하지 않게 하시기를 그들로 하여금 구하게 하니라."^{다니엘 2장} 16-18절

위대한 다니엘도 좋은 믿음의 친구들이 있었기에 두려움 없이 더 당당하게 나아갈 수 있었습니다. 이 같은 믿음의 동역자의 힘을 잘 보여 주는 것이 바로 윌리엄 윌버포스(William Wilberforce)와 그의 친구들입니다. 우리는 노예 해방이라고 하면 가장 먼저 링컨 대통령을 떠올립니다. 그러나 1863년 미국의 링컨 대통령이 노예 해방을 선언하기 훨씬 전에 영국에서 먼저 노예 해방을 실현한 사람이 있었습니다. 그는 바로, 영국의 살아 있는 양심이라고 불리던 윌리엄 윌버포스였습니다.

1787년 10월 28일 독실한 크리스천인 그는 27세의 젊은 영국 국회의원으로서 자신의 일기장에 이렇게 썼습니다. "전능하신 하나님께서는 내 앞에 위대한 두 목표를 주셨다. 하나는 노예무역을 폐지하는 것이고, 다른 하나는 관습을 개혁하는 것이다."[13] 그의 결심은 노예무역 선장이었다가 회심한 존 뉴턴(John Newton)을 만나고 난 뒤 더욱 확고해졌습니다.

그러나 그의 이러한 목표는 처음부터 강력한 반대에 부딪혔습니다. 그 이유는 영국이 노예 무역을 통해 얻는 이익이 상상

을 초월할 정도로 컸기 때문입니다. 당시 18세기 말 세계 최고의 해군력과 상선을 갖고 있었던 영국은 아프리카 흑인들을 잡아다가 북미 대륙으로 실어 나르면서 많은 이익을 누리고 있었습니다. 이러한 노예 무역이 영국의 국가 수입의 3분의 1을 차지할 정도였습니다. 그렇다 보니 노예 무역으로 많은 돈을 벌고 있던 상인들과 재벌 그리고 대부분의 왕족과 귀족들이 노예 무역을 폐지할 리가 만무했습니다.

그러나 하나님을 경외하고 사랑했던 윌버포스는 이것을 자신의 필생의 사명으로 알고 150번이나 되는 대 국회 논쟁을 통해 줄기차게 노예 제도를 폐지하는 법안을 통과시키려 했습니다. 이 과정에서 그는 갖은 중상모략과 비방에 시달렸으며, 로버트 노리스라는 노예 상인에게 수차례 살해 위협을 받기도 했습니다. 그러나 윌버포스는 자신의 소신을 굽히지 않았고, 결국 1833년 7월 27일 그가 뜻을 세운 지 46년 만에 영국 국회는 노예 제도를 영원히 폐지하는 법안을 통과시켰습니다.

그리고 사흘 후 윌버포스는 "나로 하여금 영국이 노예 제도를 통해 얻은 2천만 파운드의 돈을 포기하는 날을 목도하고 죽게 하시니 하나님께 감사할 뿐이다."라는 유언을 남기고 눈을 감았습니다. 그렇다면 그가 이 지루하고 힘든 싸움에서 승리할 수 있었던 비결은 무엇입니까? 이것은 단순히 그의 굳은 의지와 지칠 줄 모르는 용기 때문만은 아니었습니다.

윌버포스의 배후에서 그를 지지해 주고 격려해 주며 기도해 주는 신앙의 동지들이 있었기 때문입니다. 역사가들은 이들의 모임을 '클래펌 공동체'(Clapham Sect)라고 부릅니다. 이들은 영국 사회의 문화를 변화시키고 법을 바꾸기 위해 활동한 평신도 공동체로서 정치가, 은행가, 성직자, 변호사, 작가, 화가, 경제학자, 사업가들로 이루어진 부유하고 영향력 있는 복음주의 정치 공동체였습니다.[14]

이들의 영향력이 얼마나 막강했던지 존 텔포드는 이 공동체를 '세상을 움직인 공동체'라고 평가했습니다.[15]

이들이 1790년부터 1830년까지 영국 사회에 끼친 공헌은 지대합니다. 이들은 의회에서 노예 해방, 교도소 개혁, 의회 개혁 등을 위해 일했으며, 여러 선교단체와 성서연구단체를 지원했습니다. 이들은 런던 남부의 클래펌 마을에 모여 살았기 때문에 클래펌 공동체라고 불렸습니다. 이 공동체의 전적인 지원과 도움으로 인해 윌버포스는 노예 무역 폐지까지 20년, 노예 해방까지 합치면 거의 50년 가까운 세월 동안 개혁 운동을 할 수 있었습니다.

윌버포스는 오랜 세월이 흐른 뒤 자신이 몸담았던 클래펌 공동체에 대해 다음과 같은 글을 남겼습니다. "하나님이 내게 예비해 두신 수많은 축복 가운데 이 세상에서 가장 큰 축복은 친절하고 유능한 친구들을 내게 허락해 주셨다는 것이다. 그분은 내게 위로와 축복을 주시기 위해 그들을 예비해 두셨다."[16]

신앙 안에서 누리는 진실한 친구의 우정은 이토록 소중한 것입니다.

3장

청년과 이성 교제

만나야 할 사람을
만나는 것이
은혜다

아담은 비록 낙원에 살았지만,
하와가 없었다면
행복하지 못했을 것이다.

_존 러브복

1. 사랑을 위한 준비

　　　　　　　　어떤 집사님이 앵무새 한 마리를
키웠는데 그 앵무새가 배운 단 한마디는 "뽀뽀합시다."였습니
다. 아무리 다른 말을 가르치려 해도 앵무새는 사람들이 오기
만 하면 "뽀뽀합시다. 뽀뽀합시다."라고 하며 주인을 부끄럽게
했습니다.

　집사님이 다니는 교회의 목사님도 앵무새 한 마리를 키우
고 있었는데 그 앵무새는 항상 "기도합시다. 기도합시다."라는
말만 했습니다. 이 앵무새의 이야기를 들은 집사님은 목사님
께 양해를 구한 다음, 자기의 앵무새를 목사님의 앵무새 우리
에 집어넣었습니다. 그러고는 마음속으로 "이제 우리 앵무새
가 목사님의 앵무새에게 영향을 받아서 '뽀뽀합시다.' 대신 '기

도합시다'라고 말하겠지."라고 생각했습니다. 앵무새 두 마리는 서로 간에 한참을 푸드득거리며 들여다보고 냄새를 맡았습니다. 그러더니 집사님의 앵무새가 이렇게 말했습니다. "뽀뽀합시다." 그러자 목사님의 앵무새가 다음과 같이 말했습니다. "감사합니다. 하나님, 이제야 제 기도를 들어주셨군요."

정말 우스운 유머이지만 많은 것을 생각하게 하는 예화입니다. 동물 세계에도 짝이 있어야 하듯 인간에게도 짝이 있어야 합니다. 요즘 '모태솔로'라는 말이 유행하는데 사람이 혼자 살면 외롭습니다. 하나님도 "사람이 혼자 사는 것이 좋지 아니하니."_{창세기 2장 18절}라고 말씀하셨습니다. 그렇지만 우리 그리스도인은 외롭다고 아무하고나 사귈 수는 없습니다. 그래서 기도하면서 사람을 찾아야 합니다.

그런데 여기서 정말 중요한 것은 우리가 사람을 사귈 때 신중해야 한다는 것입니다. 저는 제 아내를 만나기 전에 다른 자매들과 깊이 사귄 적이 없었습니다. 서너 번 만난 자매들은 있었지만 본격적으로 교제한 자매는 없었습니다. 그것은 제가 인기가 없어서 그런 것이 아니라 젊을 때 성경을 읽다가 아가서 말씀을 읽으며 깨달음을 얻었기 때문입니다.

"예루살렘 딸들아 내가 노루와 들사슴을 두고 너희에게 부탁

한다 내 사랑이 원하기 전에는 흔들지 말고 깨우지 말지니라."

아가서 2장 7절

이 본문을 읽으면서 어떤 학자가 달아 놓은 주석을 읽게 되었는데 그 주석 학자는 이 본문이야말로 모든 젊은이들이 마음에 새겨야 할 말씀이라고 이야기했습니다.

이것이 무슨 말입니까? "짚신도 짝이 있다."라는 말이 있듯 모든 사람에게는 나름대로 하나님이 예비해 놓으신 배우자가 있다는 것입니다. 그런데 사람들은 자신의 배우자를 만나기 전에 너무 쉽게 다른 사람과 사랑에 빠지는 경향이 있습니다. 그렇게 되면 나중에 후회합니다. 하나님이 주신 '내 사랑'이 분명히 있습니다. 그런데 오늘날 젊은이들은 신중함 없이 너무 쉽게 사랑에 빠지고 또 너무 쉽게 헤어지는 경향이 있습니다.

물론 그 과정에서 나름대로 인생을 배우기도 하지만, 결혼할 사이가 아닌 사람과 너무 깊은 관계로 나아가게 되면 나중에 후회하게 됩니다. 그러므로 이성과의 가벼운 데이트는 괜찮지만 확신이 없는 상태에서 너무 쉽게 사랑에 빠져서는 안 되는 것입니다. '사랑에 빠진다'라는 말은 영어나 우리말이나 그 개념이 비슷합니다. 우리말로 '사랑에 빠진다'라는 말이 영어로는 'fall in love'입니다. 사랑에 빠진다는 것은 뭔가 밑바닥으로 뚝 떨어진다는 것입니다.

　사랑에는 이런 위험성이 있습니다. 사람을 밑바닥으로 떨어 뜨리는 경우가 있습니다. 그래서 참 위험합니다. 정신 차리지 않으면 사랑 때문에 사람이 이상해지기도 하고 망가지기도 합니다. 심지어는 인생을 포기하기도 합니다. 하나님이 주시는 사랑은 우리를 뚝 떨어뜨리는 것이 아니라 오히려 우리를 솟구 치게 합니다. 사랑의 힘으로 날개를 달고 하나님이 주신 축복의 자리로 더 나아가게 합니다. 우리는 이러한 사랑을 해야 합니다.

　아가서 2장 8절에는 이런 말씀이 있습니다. "내 사랑하는 자의 목소리로구나 보라 그가 산에서 달리고 작은 산을 빨리 넘어오는구나." 섣불리 사랑에 빠지지 않고 자신을 잘 지킨 사람에게는 하나님이 주신 사랑의 축복이 찾아옵니다. "사랑하는 자의 목소리"가 들리는 때가 옵니다. 이를 위해 우리는 자신을 준비하고 주님 앞에 기도를 많이 해야 합니다.

　윤천수 목사님이라는 분이 『사(4)랑을 구(9)하는 49일간의 이야기』(요단출판사, 2011)라는 책을 썼습니다. 윤 목사님은 한동대학교 출신 1호 목회자로서 지금은 미래세대교회의 담임목사로 있으며, 청소년과 청년 사역을 전문으로 하고 있습니다.

윤 목사님이 그 책에서 밝히는 바는, 자신은 결혼 전까지 20여 명이 넘는 자매들과 '만남'을 가졌다는 것입니다. 그런데 왠지 그 많은 만남에도 불구하고 거기에는 진정한 만족이 없었고 자신에게 호감을 품지 않는 자매들을 원망하는 마음뿐이었다고 합니다. 그리고 유일하게 깊은 관계로 발전하게 된 한 자매마저 자신을 친구 이상으로 생각하지 않는다고 하며 떠나 버리자 자신은 바닥까지 떨어지는 허무와 아픔을 경험했다고 합니다. 하지만 이러한 공허감은 오히려 그로 하여금 하나님을 인격적으로 만나게 했고, 결국 윤 목사님은 자신의 경험을 살려 신앙과 이성 교제로 방황하는 청소년과 청년들을 돕는 일을 하게 되었다고 합니다.

여기서 윤 목사님이 강조하는 것은 우리 그리스도인이 이성 교제를 하기 위해서는 나 자신이 먼저 "하나님 앞에서 영광과 찬송이 되어야" 한다는 점입니다. 이 말은 빌립보서 1장 9-11절의 본문에서 이해될 수 있습니다.

"내가 기도하노라 너희 사랑을 지식과 모든 총명으로 점점 더 풍성하게 하사 너희로 지극히 선한 것을 분별하며 또 진실하여 허물 없이 그리스도의 날까지 이르고 예수 그리스도로 말미암아 의의 열매가 가득하여 하나님의 영광과 찬송이 되기를

원하노라."^{빌립보서 1장 9-11절}

여기서 바울은 빌립보 교인들이 성숙한 신앙인이 되어 하나님의 칭찬과 인정을 받는 성도들이 되기를 소망하며 기도합니다. 이 구절을 인용하며 윤 목사님은 우리 자신이 먼저 하나님 앞에서 하나님의 기쁨이 되는 존재임을 깨닫는, 건강한 자존감을 회복해야 다른 사람을 진심으로 사랑할 수 있게 된다는 사실을 강조합니다.

윤 목사님 자신도 외모와 삐쩍 마른 체격으로 오랫동안 열등감에 시달렸고 눌리는 삶을 살았는데 자신이 하나님 앞에 존귀한 존재라는 사실을 깨달았을 때 스프링처럼 눌려 있던 그의 삶이 오히려 더 힘차게 하나님을 향해 솟구쳐 오를 수 있게 되었다고 고백합니다.[1]

그렇습니다. 여러분이 누군가를 사랑하고 싶다면 먼저 하나님 안에서 자신의 정체성을 올바르게 인식하는 것이 중요합니다. 내가 소중한 존재라는 사실을 깨달아야 다른 사람을 소중하게 생각합니다. 내가 나 자신을 사랑해야 다른 사람을 사랑할 수 있습니다.

그러므로 진정으로 사랑하기 위해서는 신앙을 먼저 바로 세워야 합니다. 즉, 하나님과의 관계를 먼저 바르게 해야 하는 것입니다. 그런 상황에서 만나는 사람이 진정으로 하나님이 주시는 사람이 될 수 있습니다. 그러므로 진정한 사랑을 하기 위한 가장 중요한 기초는 바로 신앙의 기초를 올바르게 세우는 것입니다.

2. 만나야 할 사람과 피해야 할 사람

오늘날 교회 안에는 노처녀가 많이 있습니다. 믿는 남자들이 많이 없기 때문입니다. 그리고 가끔씩 보면 교회 안에 노총각도 눈에 띕니다. 그래서 어떤 사람이 이런 유머를 합니다. '노처녀와 노총각은 서로 결혼을 못한다. 그 이유는 동성동본이기 때문에.' 별로 웃기지 않는 유머이지만 어쨌든 좋은 사람을 만나서 결혼하는 것은 참으로 중요한 일입니다.

사실 좋은 사람을 만나기 위해서는 기도를 많이 해야 합니다. 그리고 동시에 눈을 좀 낮추어야 합니다. 성경에 이런 말씀이 있습니다. 잠언서 말씀입니다. "눈이 높은 것과 마음이 교만한 것과 악인이 형통한 것은 다 죄니라."잠언 21장 4절 제가 총각 시절 때 성경에서 이 말씀을 보고 얼마나 놀랐는지 모릅니다. '야, 눈 높은 것도 죄구나!' 하는 것을 깨닫게 된 것입니다. 그렇다고 제가 눈을 낮추어서 결혼한 것은 아닙니다. 눈을 낮추고 겸손해지려고 노력하니까 하나님께서 제게 좋은 사람을 붙여 주신 것입니다. 많은 경우에 우리는 좋은 사람을 만나게 해달라고 기도하는데 사실은 나 자신이 먼저 좋은 사람이 되는 것이 중요합니다. 그럴 때 좋은 사람을 만날 확률이 높아지고 또 좋은 사람이 나타나도 놓치지 않고 잡을 수 있습니다. 그렇다면 어떤 사람이 좋은 사람일까요?

보통 남자들은 여자의 외모를 보고, 여자들은 남자의 능력을 본다고 합니다. 그것은 어느 정도 사실입니다. 그러나 외모가 예쁘지 않은 여자들과 능력이 안 되는 남자들은 어떻게 합니까? 그 사람들은 결혼을 못한다는 말입니까? 그렇지는 않습니다.

먼저 외모부터 이야기해 보겠습니다. 사람은 외모가 중요하지만 외모보다 더 중요한 것이 표정입니다. 아무리 예쁜 사람도 표정이 싸늘하거나 우울한 표정을 짓고 있으면 별로 호감이 가지 않습니다. 그래서 여자 분들은 수용적인 사람이 되어야 합니다. 즉, 다른 사람들의 말에 잘 반응하고 잘 웃는 여성이 되어야 합니다. 그런 사람이 인기가 많습니다.

인터넷이나 스마트폰으로 데이트를 연결해 주는 소셜데이팅 서비스 업체 중에 '이츄'(www.echu.co.kr)라는 곳이 있습니다.

여기에서 20세 이상 미혼남녀 3,447명을 대상으로 '같은 외모 같은 스펙이라면 어떤 이성에게 호감을 느끼는가?'라는 질문을 던졌습니다. 이에 대해 남성은 '잘 웃는 이성'을 선택한 응답자가 35.8퍼센트로 가장 많았습니다. 덧붙여서 '애교가 많은 이성'을 선택한 응답자도 29.6퍼센트로 높은 비율을 보였습니다. 이처럼 여성의 상냥한 태도에 호감을 갖는 남성들이 많다는 것을 알 수 있습니다.[2]

실제로도 그렇습니다. 여성이 잘 웃고 반응을 잘하면 남자들은 마음을 열게 됩니다. 상대방이 하는 말을 잘 받아들이고 맞장구를 잘 치는 여자, 상대방이 하는 말에 반응을 잘 보이고 잘 웃는 여자, 이런 여자에게 남자들은 마음을 열 수밖에 없는 것입니다. 저도 제 아내를 만났을 때 적극적으로 미소 짓고 제 이야기에 귀를 기울여 열심히 들어주는 모습이 무척 귀엽고 사랑스러워서 마음이 금방 열렸습니다.

재미있는 것은 여성의 경우에는 잘 웃는 남성보다는 자신을 잘 웃겨 주는 남성을 좋아한다는 점입니다. 그래서 남성은 유머 감각을 계발하는 것이 필수입니다. 한 남성 분이 소개팅을 하러 나갔는데 마음에 드는 여성을 만났다고 생각해 봅시다. 그런데 첫 만남부터 장래의 비전을 이야기하고 4영리를 들이대면 그 만남은 성공하지 못할 가능성이 매우 높습니다. 첫 만남에서는 즐겁고 편안한 이야기를 해야 합니다. 무엇보다 상대 여성을 많이 웃게 만들어야 합니다.

오늘날 이 사회가 능력 있는 남자를 요구하는데 이것은 남성들이 참 힘들어하는 부분입니다. 그러나 이것 때문에 너무 실망할 필요는 없습니다. 진정한 능력은 하나님께로부터 나오기 때문입니다.

진정한 신앙이 있는 여성이라면 그 여성은 기도하는 남성에게 매력을 느끼게 되어 있습니다. 기도하는 남성은 든든합니다. 기도하는 남성은 신뢰가 갑니다. 비록 그가 지금 부족할지라도 하나님이 그의 인생을 책임져 주실 것이기 때문입니다. 비록 그가 현재 많은 것을 소유하지 못했더라도 점점 축복된 자리로 인도하실 것이기 때문입니다. 그러므로 남성은 무엇보다 하나님께 기도하는 사람이 되어야 합니다.

반면에 우리가 피해야 할 남성이나 여성은 어떤 사람들입니까? 청년 사역을 오래 하셨던 최대복 목사님이 『너는 내 갈비뼈』(생명의 말씀사, 2008)라는 책을 쓰셨는데 많은 청년들을 만나면서 임상적으로 피해야 할 이성의 유형을 다음과 같이 정리해 놓았습니다. 여러분도 스스로 잘 살펴보시고 가급적 이런 사람을 만나지 않기를 바랍니다. 그리고 내가 이런 사람의 유형에 들어간다면 빨리 자신을 바꾸도록 노력해야 합니다.

먼저 피해야 할 여자 유형입니다. 첫째는 혈기 충만한 여자입니다. 잘 짜증내고 토라지고 화내는 여자를 만나면 남자가 힘들어집니다. 둘째는 수다쟁이 여자입니다. 일반적으로 여자가 말이 많은 것은 사실이지만 어디 가서 자꾸 남의 말을 많이 하는 여자는 피해야 합니다. 셋째는 사치스러운 여자입니다. 여자들의 아름다워지고 싶어 하는 욕망은 당연한 것이지만 그것이 과소비로 이어지면 같이 다니는 남자는 주머니가 거덜납니다. 넷째는 머릿속이 복잡한 여자입니다. 이런 사람은 아직 일어나지 않을 일까지 미리 걱정하고 온갖 염려나 근심을 가득 채워서 다닙니다. 이런 여자는 따지는 것도 많고 신경질적이며 생각이 복잡합니다. 이런 사람과 교제하면 삶이 우울해지고 불안해집니다.

남자도 마찬가지입니다. 가급적 교제를 피해야 할 남자 유형이 있습니다. 첫째는 불성실한 남자입니다. 평소에 자신이 맡은 일에 성실하지 않은 사람은 인간관계도 성실하지 못합니다. 이런 남자가 한 여자의 인생을 책임질 수 없는 것은 당연합니다. 둘째는 부정직한 남자입니다. 정직하지 않은 남자는 신뢰할 수 없습니다. 그런 남자를 사귀는 것은 스스로 무덤을 파는 것이나 다름없습니다. 셋째가 중독에 빠진 남자입니다. 여성들은 남성의 취미 생활을 잘 살펴서 남성이 좋지 못한 것에 빠져 있거나 지배당하고 있으면 절대로 깊이 사귀면 안 됩니다. 넷째는 폭력적인 남자입니다. 자신의 감정을 잘 조절하지 못하는 남자는 위험합니다. 특별히 다툴 때 극단적인 행동을 하는 남자는 참으로 위험합니다. 그리고 마지막 다섯째는 신앙이 없는 남자입니다.[3] 물론 100퍼센트 믿는 사람만 찾다가는 어려움이 있을 수도 있지만 끝까지 신앙적으로 마음을 열지 않는다면 그 사람하고 깊이 사귀는 것은 고려해 봐야 합니다.

3. 하나님의 인도하심을 구하라

우리는 이성 교제를 할 때 언제나 하나님의 인도하심을 구해야 합니다. 우리가 얼핏 보기에 이성과의 만남은 인간의 노력으로 이루어지는 것 같아 보입니다. 그러나 이 모든 과정에 하나님의 개입과 인도하심이 있음을 믿어야 합니다.

저는 젊은 시절 짝이 없어서 고민할 때 성경에서 다음과 같은 말씀을 읽게 되었습니다. "집과 재물은 조상에게서 상속하거니와 슬기로운 아내는 여호와께로서 말미암느니라."잠언 19장 14절 성경에서 좋은 아내는 하나님께서 주시는 선물이라고 말씀하고 있습니다.

그래서 저는 젊을 때 이 말씀을 발견하고 그때부터 이 말씀을 붙들고 기도했습니다. 하나님께로부터 오는 슬기로운 아내를 달라고 말입니다. 그러므로 여러분도 기도를 많이 해야 합니다.

또한 하나님께서 주시는 사람을 알아볼 수 있는 분별력을 달라고 기도해야 합니다. 그리고 내 짝이 아닌 사람을 만나게 되면 빨리 아니라는 사실을 알아볼 수 있게 해 달라고 기도해야 합니다.

좀 전에 읽은 아가서의 말씀처럼 내 사랑이 나타나기 전까지는 흔들리지 않도록 내 마음을 지켜 달라고 하나님께 기도해야 합니다. 이때 중요한 것은 마음을 비우는 일입니다. 미리 저 사람과 반드시 되어야 한다고 정해 놓고 기도하면 하나님께서 응답해 주시지 않습니다. 마음을 비우고 하나님의 뜻이 무엇인지 분명히 알고자 하는 간절한 마음을 갖고 기도해야 합니다. 그러면 하나님께서 분명히 알려 주십니다.

사람을 통해서나 환경을 통해서나, 아니면 그 사람이 내게 마음을 주지 않든지 어떤 방법으로든지 하나님께서 응답하십니다. 제가 서울에서 전도사로 있을 때 한번은 어떤 자매를 소개받았습니다. 키도 크고 얼굴도 미인이고 학교도 외대 불문과이면서 신앙도 있는 자매였습니다. 저를 나쁘게 생각하지 않는 것 같아서 두세 번 정도 만나 교제를 나누었습니다.

그런데 왠지 마음에 확신이 안 오는 것입니다. 마침 그때 제가 서울에 있다가 대구에 있는 동부교회 부교역자로 부임하기로 되어 있어서 더 고민이 되었습니다. 이 자매와 잘되면 대구에서 서울로 왔다갔다하면서 만나야 하는데 쉽지 않을 것 같았습니다. 그래도 놓치기에는 아까운 자매라는 생각이 들어서 계속 사귀어 볼까 하는 생각도 했습니다. 그런데 주말이 되어 기차를 타고 대구로 내려가는데 갑자기 마음속에 하나님의 음성이 들리는 것입니다.

그때는 KTX도 없을 때여서 새마을호를 타고 내려가는데 기차 바퀴에서 나는 소음보다 더 뚜렷한 목소리로 하나님께서 "아들아, 아니다."라고 말씀하시는 것입니다. 제 마음에 그런 음성이 들리는 것입니다. 그러면서 동시에 성경 구절이 하나 떠올랐습니다. "주재여 이제는 말씀하신 대로 종을 평안히 놓아 주시는도다."누가복음 2장 29절

이 구절은 원래 시므온이 한 말입니다. 그는 나이든 노인으로 죽을 날만 기다리고 있던 사람이었는데 하나님께로부터 그리스도를 보기 전에는 죽지 않으리라는 성령의 지시를 받았습니다. 그런데 그가 성전에서 아기 예수를 보자마자 바로 그 아기가 메시아인 것을 알아보았습니다. 그때 아기 예수를 안고

시므온이 한 말이 바로 이것입니다. 이 말은 이제 그가 메시아를 만나 보았으니 평안히 죽을 수 있게 되었다는 뜻입니다.

그런데 이 말씀이 저에게는 어떤 의미로 다가왔느냐 하면, '이제 서울에서 알게 되었던 그 자매와 계속 사귀지 않게 되었으니 편안한 마음으로 대구로 내려갈 수 있겠다'는 의미로 다가왔습니다. 그렇게 해서 그 자매를 정리하고 대구로 와서 지금의 아내를 만나게 되었습니다.

여러분, 그리스도인의 만남에는 하나님의 분명한 섭리와 인도하심이 있다는 사실을 믿으시기를 바랍니다. 성경에 보면 이삭이 리브가를 만날 때, 아브라함은 자기 종을 보내 자기 고향에서 며느리가 될 사람을 데려오라고 합니다. 그때 아브라함의 종이 기도하면서 갔는데 하나님께서 순적하게 리브가를 만나게 해 주셨습니다. 기도했더니 일이 은혜롭게 잘 풀린 것입니다.

저도 결혼을 두고 오랫동안 기도했는데, 외대 그 자매와 헤어지고 대구로 내려갈 때 기차 안에서 갑자기 하나님은 저에게 아브라함의 종이 고향에 가서 이삭의 아내가 될 사람을 데리고 온 것을 생각나게 해 주셨습니다. 그러면서 하나님은 제가 고향인 대구로 가면 대구 동부교회에서 제 아내가 될 사람을 만날 것이라는 감동을 주셨습니다. 그리고 정말 그 말씀 그대로

저는 대구 동부교회에서 지금의 제 아내를 만났습니다. 제 아
내는 대구 출신은 아니고 진주 출신인데 대구로 교사 발령이
나서 제가 있던 교회로 오게 된 것입니다. 이 모든 과정을 하
나님께서 인도해 주셨습니다. 그러므로 우리 그리스도인은 주
님께서 만남의 축복을 주실 것을 믿으며, 기도를 많이 해야 합
니다.

4. 그리스도인의 이성 교제

그리스도인의 이성 교제는 일반
인들의 이성 교제와는 좀 달라야 합니다. 우리 그리스도인은
하나님을 믿는 사람들입니다. 그러므로 우리의 만남에는 언제
나 하나님이 함께하셔야 합니다. 이것을 흔히 삼각형 그림으로
설명합니다. 삼각형의 가장 위쪽 꼭짓점에는 하나님이 계십니
다. 그리고 삼각형의 밑변의 양쪽에는 각각 남자와 여자가 있
습니다.

남자와 여자는 서로에게 끌려 가까워지려고 합니다. 그러나
남자와 여자가 서로 마주보며 달려가서는 안 됩니다. 그러면
충돌합니다. 데이트를 할 때도 하나님이 함께하셔야 합니다.
그리고 하나님 쪽으로 다가가면서 서로 가까워져야 합니다. 삼

각형 그림에서 위로 올라갈수록 하나님과 가까워지고, 서로 간에도 더욱 가까워집니다. 이런 만남이 되어야 합니다.

특별히 교회 공동체에서 만났을 때는 '터널 시각'을 조심해야 합니다. 터널 시각이란 마치 터널에 들어간 운전자가 터널 내부만 보고 바깥에 있는 세상을 보지 못하는 것처럼, 사람이 눈앞에 있는 것만 보고 주위의 것을 보지 못하는 상태를 의미합니다. 사랑에 빠진 사람에게 종종 일어날 수 있는 모습입니다.

교회 공동체에서 이런 일이 일어나면 본인에게나 주위 사람들에게 좋지 않습니다. 두 사람의 세계가 너무 좁아집니다. 인간관계를 맺을 수 있는 사람의 숫자가 제한됩니다. 오직 상대방만 눈에 보일 뿐 다른 사람은 눈에 들어오지 않습니다. 그러므로 교회 공동체에서 사람을 사귀게 되면 이런 부분을 특히 조심해야 합니다.

그래서 어떤 선교 단체는 아예 단체 내에서의 이성 교제를 금지하는 곳도 있습니다. 저희 교회 같은 경우에는 이렇게 엄격하지는 않지만 가급적 본 교회가 아닌 다른 교회에 다니는 이성을 만나 교제하기를 권합니다. 그리고 부득이하게 교회 내에서 사귀게 되면 반드시 교역자와 상담을 하고 두 사람이 확신이 들 때까지 기도를 많이 하라고 권면합니다.

중요한 것은 어떤 한 사람을 제대로 평가하기 위해서는 두 사람이 서로 마주 보고만 있어서는 잘 모른다는 사실입니다. 공동체를 통해 검증되어야 합니다. 한 사람의 진정한 인격은 공동체 내에서 드러납니다. 그러므로 상대방이 나를 대하는 모습이 아니라 교회 공동체에서 어떻게 행동하는지, 그 사람의 평판이 어떠한지를 보고 판단하는 것이 현명합니다.

어떤 청년부에서 실제로 있었던 이야기입니다. 사정상 가명을 사용하겠습니다. 크리스마스 이브 날 청년들이 늦은 시간까지 함께 놀았는데, 철수라는 형제가 순이라는 자매를 좋아하고 있었습니다. 그런데 게임이 끝나고 순이가 집에 가려는 순간, 철수는 고민이 되었습니다. 친구들과 함께 나가는 순이를 따라나서면 순이와 좀 더 오래 있을 수 있는데, 지금 청년부실을 보니까 게임을 하고 나서 너무 지저분한 것이 누군가는 치워야 할 것 같았습니다. '예수님이라면 어떻게 하실까'를 고민하다가 철수는 결국 남아서 청년부실을 청소하기로 했습니다. 철수는 자신의 신앙 양심으로 자신의 이익을 먼저 추구하는 것이 아닌 교회 공동체의 유익을 먼저 추구하기로 다짐했던 것입니다. 그런데 철수가 청년부실을 청소하고 있는데 뜻밖에 순이가 청년부실로 들어오는 것이었습니다. 순이는 휴대폰을 청년부실에 깜빡 두고 가서 다시 찾으러 왔던 것입니다. 그런데 아무도 없는 청년부실을 혼자 열심히 청소하는 철이의 모습을 보고 순이는 엄청난 감동을 받았습니다. 순이는 철이가 너무 듬직하고 멋있어 보였습니다. 결국 이 일로 인해 순이는 철수에게 흠뻑 빠지게 되었고, 두 사람은 아름다운 사랑의 결실을 맺게 되었습니다.[4]

교회에서 가장 꼴불견인 사람은 누구입니까? 사랑하는 사람이 생겼다고 예배를 등한히 하는 사람입니다. 좋아하는 사람이 생겼다고 해서 교회의 공식 모임에 자꾸 빠지는 사람입니다. 새로 생긴 애인을 만나기에 바빠서 하나님 섬기는 일을 소홀히 하는 사람입니다.

사랑하는 사람이 생길수록, 교회에 좋아하는 사람이 있을수록 더욱더 주님 앞에 열심히 나아오고, 주님을 섬기는 일에 최선을 다해야 합니다. 그래서 내가 누군가를 만나서 사귀게 되었는데 그 사람 때문에 하나님과 더욱 가까워지게 되었다면 그것은 하나님이 기뻐하시는 만남입니다. 그러나 그 사람을 만남으로 하나님과 더욱 멀어지게 되었다면 그것은 다시 한 번 기도해 보고 고민해 보아야 할 만남입니다.

5. 사랑의 에너지를 잘 사용하라

청년의 때에는 이성에 대한 관심이 많을 때입니다. 그리고 사랑하고 사랑받고 싶은 욕구가 폭발할 때입니다. 사실상 사랑은 에너지입니다. 엄청난 에너지입니다. 사랑의 시가 있는 아가서에서는 사랑의 에너지를 다음과 같이 묘사합니다.

"너는 나를 도장 같이 마음에 품고 도장 같이 팔에 두라 사랑은 죽음 같이 강하고 질투는 스올 같이 잔인하며 불길 같이 일어나니 그 기세가 여호와의 불과 같으니라 많은 물도 이 사랑을 끄지 못하겠고 홍수라도 삼키지 못하나니 사람이 그의 온 가산을 다 주고 사랑과 바꾸려 할지라도 오히려 멸시를 받으리라." 아가 8장 6-7절

불과 같은 사랑, 홍수가 끄지 못하는 사랑이 바로 우리 청춘들의 가슴에서 솟아나는 뜨거운 사랑입니다. 그러므로 이 사랑의 에너지를 어떻게 사용하는가가 중요합니다. 여러분 안에 있는 이 사랑의 에너지를 먼저 하나님께로 돌리십시오. 그리고 하나님이 주시는 사랑의 능력으로 다른 사람이나 이성을 사랑하십시오.

이를 위해 무엇보다 자신 안에 있는 사랑의 에너지를 통제하고 다스려야 합니다. 그러므로 여러분 안에 있는 누군가를 사랑하는 감정까지도 하나님께서 다스려 주시도록 기도하십시오. 그리고 그 사랑의 에너지가 하나님께서 원하는 사람에게 올바른 방향으로 향해지도록 기도하십시오. 그리고 사랑하는 사람을 만났을 때도 그 사랑의 에너지가 하나님의 뜻 안에서 잘 다스려지고 통제될 수 있도록 기도하시기 바랍니다. 성령의 마지막 열매는 '절제'이기 때문입니다.

그리고 가급적 이성을 만날 때 하나님을 뜨겁게 사랑하는 사람을 만나시기를 바랍니다. 하나님을 사랑하는 열정이 있는 사람이 이성도 진심으로 사랑합니다. 하나님을 진실되게 사랑하는 사람이 이성도 진실되게 사랑합니다. 하나님을 희생적으로 섬기며 사랑하는 사람이 이성에게도 희생과 헌신의 사랑을 할 수 있습니다. 이런 사람을 만나는 축복이 있기를 바랍니다.

> "사랑의 역설은 그것이 한 인간으로서 자아에 대한 최고 수준의 자각인 동시에 상대에게 빠져드는 최고 수준의 몰입이라는 것이다."
>
> _롤로 메이

저는 대학교 2학년 때 예수님을 영접하고 난 뒤 배우자를 위해 오랫동안 기도했습니다. 그러나 이상하게도 배우자에 대한 응답이 없었습니다. 대학교를 졸업하고 신학대학원을 다니면서도 배우자를 위한 기도는 계속했지만 연애 한번 할 기회조차 얻지 못했습니다.

그러다가 제가 지금의 아내를 만나게 된 것은 대구 동부교회에서 강도사로 사역하고 있었을 때입니다. 그때 저는 새가족부를 맡고 있었는데 갑자기 그 해 목사 안수를 앞두고 가을에 목사 안수를 받기 전에 결혼했으면 좋겠다는 생각이 들었습니다. 그래서 새가족부 집사님들에게 기도 부탁을 했는데 집사님들이 제 말을 들으시고는 모두들 웃으시는 것이었습니다. 그분들이 하시는 말씀이 지금이 4월이고 아직 사귀는 사람도 없는데 어떻게 몇 달 만에 사람을 만나 9월까지 결혼할 수 있겠느냐는 것이었습니다. 집사님들의 말씀은 저도 충분히 이해가 되었습니다. 그러나 왠지 저는 그런 기도를 하고 싶었습니다.

그런데 배우자를 위한 기도 부탁을 하고 몇 주 후에 제 아내를 만나게 되었습니다. 제 아내는 모태 신앙인데 진주에서 대구로 교사 발령이 나서 이 교회로 오게 되었습니다. 제 아내가 교회에 새가족으로 등록했기에 교회 집사님과 함께 심방을 갔습니다. 그런데 대문을 열고 인사를 하는 제 아내를 보자 왠지 감동이 왔습니다. 예배를 함께 드리며 몇 마디를 나누어 보았는데 왠지 이 사람 같다는 느낌이 오는 것이었습니다.

저는 그날 집에 돌아와서 저녁 기도 시간에 하나님께 여쭈어 보았습니다. "하나님 이 사람입니까?" 그런데 하나님이 너무나 분명하게 제 마음속에 음성을 들려주시는데 "룻기를 보아라."고 말씀하시는 것입니다. '아니, 지금 이 사람인가 하고 여쭈어 보는데 난데없이 웬 룻기인가?' 하고 생각하면서도 그 음성이 너무나 또렷했기에 한 달 정도 룻기를 읽고 또 읽었습니다.

룻기를 읽으면서 감동이 오는 것이 룻기가 '러브 스토리'라는 사실입니다. 그래서 뭔가 잘될 것 같다는 생각이 들었습니다. 더군다나 룻과 보아스가 나이 차이가 많이 나지 않습니까? 저와 제 아내도 나이가 일곱 살 차이입니다. 어쨌든 그때 심방 가서 제 아내를 만나고 한 달 동안 룻기를 읽고 기도만 했는데 함께 심방 갔던 집사님이 눈치를 채고 제 아내와 제 사이에 다리를 놓아 주셔서 한 달 만에 첫 데이트를 하게 되었습니다.

그날이 토요일이었는데 마침 주일이 지난 월요일부터 제가 새벽기도회를 인도하게 되었습니다. 당시 저희 교회는 부목사님들이 많이 계셨기 때문에 새벽기도는 일주일씩 돌아가면서 인도했고, 새벽에 전하는 말씀은 창세기부터 순서대로 가고 있었습니다.

사귀는 사람이 새벽기도를 인도한다고 하니 제 아내가 그 주간 새벽기도에 나와 제 설교를 들었습니다. 그런데 그때 제가 강해해야 했던 설교 본문이 어디였겠습니까? 바로 룻기였습니다. 놀라운 일이었습니다. 저는 이미 한 달 전부터 룻기를 묵상하고 있었는데 말입니다.

그리고 더 놀라운 사실이 있었습니다. 저는 그동안 룻기를 여러 번 읽으면서도 전혀 발견하지 못했던 내용을 그 주간 룻기 강해 설교를 하면서 발견했습니다. 바로 보아스가 룻에게 해 준 말입니다.

"여호와께서 네가 행한 일에 보답하시기를 원하며 이스라엘의 하나님 여호와께서 그 날개 아래에 보호를 받으러 온 네게 온전한 상 주시기를 원하노라." 룻기 2장 12절

이 말씀은 룻이 의지할 사람 하나 없는 베들레헴 땅에 믿음 하나만 갖고 찾아온 것을 보고 보아스가 룻이 '여호와의 날개 아래'에 피한 것으로 인정하며 그의 믿음을 칭찬한 내용입니다. 그런데 왜 이 말씀이 제게 큰 의미가 되었을까요? 그 이유는 한

달 전 제 아내가 있는 집에 심방을 가서 지금의 아내에게 가장 좋아하는 찬송이 뭐냐고 물었을 때 제 아내가 (구)찬송가 478장이라고 했기 때문입니다. 당시 저와 아내가 함께 불렀던 그 찬송이 바로 "주 날개 밑 내가 편안히 쉬네"였습니다.

이렇게 하나님이 역사하시니까 일이 일사천리로 진행되어서 그 주간에 저희 집에 방문하신 장모님과 저의 어머님이 대화하는 가운데 결혼 날짜가 잡혔습니다. 9월이 목사 안수인데 기도한 대로 8월에 결혼을 하게 되었습니다.

다음날 장모님은 제가 강도사로 섬기고 있던 대구 동부교회에서 주일 예배를 드리고 싶어 하셨습니다. 그런데 놀라운 것은 당시 담임목사님께서 마태복음으로 강해 설교를 하고 계셨는데 마침 그날 본문이 마태복음 19장 6절이었다는 것입니다. 우리가 잘 아는 그 본문은 "그런즉 이제 둘이 아니요 한 몸이니 그러므로 하나님이 짝지어 주신 것을 사람이 나누지 못할지니라."는 바로 그 말씀이었습니다. 그리고 그날 목사님의 설교 제목이 "성도의 결혼"이었습니다. 정말 놀라운 우연의 일치가 아닙니까?

그 후 저는 지금의 제 아내와 결혼하고 새 집으로 이사가기 위해 저의 오래된 책상을 정리하던 중 또 한 번의 충격을 받았습니다. 과거 수년 전 "배우자를 위한 열 가지 기도 제목"으로 제가 기도하던 배우자 기도 제목 리스트를 발견한 것입니다. 한동안 잊고 있었는데 그것을 보는 순간 제 기도 제목이 하나도 빠지지 않고 100퍼센트 다 맞아떨어진 것을 발견했습니다.

특별히 저는 제 배우자가 믿는 가정에서 자라고 한 번도 주일 성수를 어겨 본 적이 없으며 음악에 재능 있는 사람이기를 원했는데, 제 아내는 모태 신앙이고 음대 피아노과를 나왔으며 교회에서 반주자로 계속 봉사해 왔습니다. 그러니 제 기도가 응답된 것입니다.

놀라운 사실은 열 가지 기도 제목 중에 마지막으로 "보조개가 있는 여인이면 더 좋겠습니다."라고 적어 놓았는데 하나님은 그것도 응답하셔서 제 아내는 보조개가 있을 뿐만 아니라 태어난 세 딸 중 두 아이가 보조개가 있어 저희 집은 보조개 천지입니다.(물론 보조개가 없는 막내도 얼마나 귀여운지 모릅니다.)

어쨌든 저는 결혼을 통해 제 기도에 풍성하게 응답해 주시는 하나님을 경험했습니다. 하나님께서는 모든 사람의 기도에 저와 똑같은 방식으로 응답해 주시지는 않겠지만 한 가지 분명한 사실은 하나님은 젊은 형제와 자매들이 진실된 만남을 위해 진정으로 기도하면 분명히 듣고 응답해 주신다는 것입니다.

그러므로 우리는 결혼에 관한 끈질기고 뜨거운 기도를 계속해서 하나님께 올려 드려야 합니다.

4장

청년과 거룩

거룩이 없으면
능력도 없다

거룩함은 아예 유혹을
받지 않는 게 아니라
유혹을 극복하는 능력이다.

_캠벨 몰간

1. 거룩의 중요성

오늘날 예수 그리스도를 믿는 청년들이 갖고 있는 가장 큰 고민 중의 하나는 바로 거룩의 문제입니다. 본인은 죄를 짓고 싶지 않은데 주위 환경이나 분위기가 그렇게 살도록 내버려 두지 않기 때문입니다. 죄의 유혹이 너무 강하고 주위 사람들의 가치관이 많이 왜곡되어 있어서 올바르게 살려고 몸부림쳐도 그것이 생각보다 쉽지 않습니다.

더군다나 자신 안에 본능적인 죄의 욕구가 있고, 그것을 부채질하는 세상의 유혹이 있으며, 여기에 덧붙여 내가 타락하기를 바라며 충동질하는 마귀까지 있으니 그야말로 '내우외환'입니다. 예수님을 믿기 전에는 죄의 유혹에 굴복하여 죄를 짓게 되면 다른 사람도 다 그러니까 하면서 나름대로 합리화할 수 있었는데, 이제는 예수님을 믿으니 그렇게 본능대로 따라 살 수도 없고 참으로 난감한 일입니다.

그래서 어떤 면에서는 예수님을 믿으면 삶이 평안해지는 것이 아니라 그때부터 더 고통스러워집니다. 왜냐하면 그 순간부터 치열한 죄와의 싸움이 시작되기 때문입니다. 그래서 『그리스도를 본받아』(브니엘, 2010)라는 책을 쓴 토마스 아 켐퍼스는 다음과 같은 말을 합니다. "사람이 더 영적으로 살려고 애쓸수록, 이 땅에서의 삶은 더욱 고통스러운 것이 된다. 왜냐하면 그는 인간 부패로 인한 결점들을 더 잘 인식하고 더 분명하게 보기 때문이다."[1]

이와 비슷하게 청교도 신학자 존 오웬도 이런 말을 했습니다. "하나님을 최우선으로 추구하는 사람은 죄의 강한 저항에 부딪힐 것이다."[2]

이 세상에서 적당히 타협하면서 하나님도 추구하고 세상의 재미도 누리고자 하는 사람은 이런 거룩에 대한 고민을 많이 하지 않아도 될지 모릅니다. 그러나 신앙생활을 제대로 하고자 하는 사람은 반드시 이런 거룩의 문제에 부딪히게 됩니다.

그러나 거룩을 위한 싸움과 투쟁이 아무리 힘겨워도 이 싸움을 포기하면 안 됩니다. 왜냐하면 그리스도인의 능력은 바로 이 거룩에서 나오기 때문입니다. 성경에 보면 영적 싸움을 위해서는 하나님의 전신갑주를 입으라는 내용이 나옵니다. 그러나 여기서 기억해야 할 것은 만약 우리의 마음이 성결하지 못하다면, 그 갑옷에 구멍이 나게 될 것이라는 사실입니다. 그렇게 되면 사단의 공격을 이겨 내지 못하게 됩니다.

성경에는 삼손의 이야기가 나옵니다. 그는 어릴 때부터 하나님의 부르심을 받고 나실인으로 구별되었습니다. 하나님께서는 삼손에게 특별한 능력을 주셨습니다. 그것은 바로 상상을 초월하는 엄청난 힘을 갖는 것이었습니다. 이것은 그가 잘나서 그런 것이 아니라 하나님이 선물로 주신 것이기에 그는 그 힘을 하나님을 위해 사용해야 했습니다. 그러나 그는 자신의 능력을 이방 여인과 시시덕거리는 데 사용했습니다.

블레셋과 이스라엘은 오랫동안 원수 사이였습니다. 그래서 삼손이 이방 여인인 들릴라를 사랑하게 되자 블레셋 사람들은 그녀에게 물질 보상을 약속하며 삼손의 능력의 비밀을 알아내라고 요구합니다. 들릴라의 요청에 시달리던 삼손은 결국 자신의 능력의 비밀이 머리카락에 있다고 실토합니다. 그러자 그는 자는 사이에 머리가 밀렸고, 더 이상 아무 능력도 발휘할 수 없는 사람이 되었습니다. 이 상황을 성경은 다음과 같이 이야기합니다.

"들릴라가 이르되 삼손이여 블레셋 사람이 당신에게 들이닥쳤느니라 하니 삼손이 잠을 깨며 이르기를 내가 전과 같이 나가서 몸을 떨치리라 하였으나 여호와께서 이미 자기를 떠나신 줄을 깨닫지 못하였더라." 사사기 16장 20절

삼손이 힘을 쓸 수 없게 된 이유는 여호와께서 이미 그를 떠나 버렸기 때문입니다. 하나님이 그를 떠나신 이유는 그가 하나님 앞에 서원한 나실인이라는 자기 정체성을 잃어버렸기 때문입니다. 삼손의 머리카락은 그가 하나님 앞에서 구별된 사람이라는 표시였는데 그것을 잃어버렸기 때문에 그에게서 하나님이 주시는 능력이 떠나갔고, 그는 비참한 사람이 되었습니다.

우리에게 거룩이 필요한 이유는 그리스도인들이 거룩을 잃어버리면 능력 없는 삶을 살게 되기 때문입니다. 그러므로 하나님께서 하나님의 백성에게 절대적으로 요구하시는 것이 바로 거룩입니다. 출애굽한 이스라엘 백성에게 하나님이 요구하신 것도 바로 거룩이었습니다. "나는 너희의 하나님이 되려고 너희를 애굽 땅에서 인도하여 낸 여호와라 내가 거룩하니 너희도 거룩할지어다." 레위기 11장 45절

출애굽한 이스라엘 백성이 들어갈 가나안 땅은 온갖 죄악으

로 오염된 곳이었습니다. 그래서 하나님은 이스라엘 백성이 그 곳에 가서 그들과 똑같은 모습으로 타락할까 봐 염려하셨습니다. 그래서 광야에서부터 이스라엘 백성에게 철저히 거룩의 훈련을 시키셨습니다.

일반적으로 거룩이란 "사람이나 물건을 신성한 용도로 쓰기 위해 일상적이고 세속적인 것으로부터 구별하는 것"[3]을 의미합니다. 그러므로 이 거룩에는 두 가지 요소가 있습니다. 하나는 '어떤 것으로부터 구별되었다'라는 의미가 있고 또 하나는 '어떤 것을 하기 위해 구별되었다'라는 의미가 있습니다.

다시 말해 성경은 우리가 세상으로부터 구별되었다고 이야기하면서 동시에 하나님의 일을 하기 위해 하나님께 구별되었다고 말합니다. 그러므로 자신을 구별하여 세상에 물들지 않고 죄에 물들지 않도록 하는 것이 필요하고, 더 나아가서는 우리 몸을 하나님이 마음껏 쓰실 수 있도록 의의 병기로 내어 드리는 것도 필요합니다.

하나님이 거룩을 요구하시는 것은 우리를 구속하고 얽어매기 위해 그렇게 하시는 것이 아닙니다. 인간을 만드신 하나님은 무엇이 우리에게 가장 좋은지를 잘 아십니다. 하나님은 우리의 몸과 영혼이 죄에 물들지 않고 거룩하게 구별될 때 하나님께 가장 존귀하게 쓰임받을 수 있음을 아십니다. 그래서 계속적으로 거룩을 요구하시는 것입니다.

　　　　　　　　성경에 보면 야곱이 죽기 전 마지
막 순간에 자녀의 장래를 예언하며 기도하는 내용이 나옵니다.
이스라엘 사람들에게는 아버지가 자녀들을 위해 마지막 순간
에 남기는 유언이 매우 중요합니다. 하나님이 아버지에게 자녀
를 축복하는 권세를 주셨다고 믿기 때문입니다. 성경에서 야곱
은 하나님의 대리자로서 자녀들을 위해 하나님의 축복을 대언
합니다.

"야곱이 그 아들들을 불러 이르되 너희는 모이라 너희가 후일
에 당할 일을 내가 너희에게 이르리라 너희는 모여 들으라 야
곱의 아들들아 너희 아버지 이스라엘에게 들을지어다 르우벤
아 너는 내 장자요 내 능력이요 내 기력의 시작이라 위풍이 월
등하고 권능이 탁월하다마는 물의 끓음 같았은즉 너는 탁월하
지 못하리니 네가 아버지의 침상에 올라 더럽혔음이로다 그가
내 침상에 올랐었도다." 창세기 49장 1-4절

여기서 르우벤의 경우를 보십시오. 그는 야곱의 장자였습니다. 르우벤의 아버지인 야곱의 이름은 나중에 이스라엘로 바뀌게 됩니다. 그러므로 르우벤은 이스라엘 민족의 12지파의 최고 선봉에 서는 특권을 부여받았습니다. 특별히 유대인들의 장자는 두 배의 축복을 받았습니다. 이것은 장자가 갖는 고유의 권한입니다.

그런데 놀랍게도 야곱은 르우벤이 탁월하지 못할 것이라는 이야기를 합니다. 이것은 르우벤이 장자의 축복을 잃어버렸다는 것을 말합니다. 그 이유가 무엇입니까? 성경에는 "아버지의 침상에 올라 더럽혔다."라고 되어 있는데 그는 자신의 서모 빌하와 통간했습니다. 그리고 이 사실을 알게 된 야곱은 르우벤에게 주어야 할 장자의 축복을 거두어 버립니다.

르우벤의 성격을 한마디로 표현하면 '물이 끓어오르는 것' 같은 성격입니다. 그는 조급한 성격과 정욕적인 충동성을 지니고 있었습니다. 이것이 그에게 파멸을 가져왔습니다. 그는 욕정에 사로잡히면 그의 서모와도 통간하는 그런 사람이었습니다. 이것이 그를 나락으로 떨어지게 만들었습니다. 장자임에도 불구하고 장자의 축복을 놓치게 했습니다.

그 이후의 이스라엘의 역사를 보면 르우벤 지파에서는 어떤 사사도, 선지자도, 왕도 나오지 않았습니다. 유일하게 이스라엘 백성이 출애굽하여 광야에서 방황할 때 다단과 아비람이라는 지도자가 나왔지만 그들마저도 충동적으로 모세를 대적하는 고라당에 속했다가 멸망당하고 말았습니다.

젊을 때는 정욕이 끓어오릅니다. 그러나 이것을 통제해야 합니다. 성은 그 자체로 하나님의 신성한 선물입니다. 그러나 성이 통제되지 않으면 재앙이 됩니다. 이는 마치 불과 같습니다. 불이 얼마나 좋은 것입니까? 불이 안전한 곳에서 통제되면 사람들에게 많은 유익을 가져다줍니다. 가스레인지에 있는 불은 맛있는 요리를 해 주고 벽난로 안에 있는 불은 따뜻함을 안겨줍니다. 그러나 그러한 불도 바깥으로 나오면 수많은 사람들에게 피해를 줍니다.

산불을 한번 생각해 보십시오. 산불은 통제되지 않은 불입니다. 그 결과는 참혹합니다. 우리나라에서도 종종 산불 소식을 듣는데 외국에서의 산불 피해는 더 엄청납니다. 가령 2007년 미국 캘리포니아 남부 지역에서 발생한 산불의 경우에 그 피해액이 1조 원을 넘어섰습니다. 상상할 수 없는 규모입니다. 이것은 모두 불이 통제되지 않았을 때 일어나는 결과입니다.

오늘날 이 사회가 주장하는 성의 해방은 무엇입니까? 바로 불을 통제하지 말고 마음대로 사용하자는 것입니다. 그러나 그것은 엄청난 재앙을 가져옵니다. 우리는 그 결과를 여러 선진

국뿐만 아니라 최근에는 우리나라에서도 많이 보고 있습니다. 성은 그때그때 기분에 따라 충동적으로 사용되어서는 안 되며, 결혼이라는 울타리 안에서 안전하게 사용되어야 합니다.

르우벤에게는 이런 것이 없었습니다. 그는 뛰어난 사람이었지만 하나님이 요구하시는 거룩한 삶에 대해서는 별로 관심이 없었습니다. 충동적으로 자신의 욕구를 해결하는 데 바빴습니다. 그 결과 그는 탁월함이 없는 인생이 되어 버렸고, 하나님께로부터 마땅히 받을 축복도 놓쳐 버렸습니다.

반면 성경에는 르우벤과 대조적인 사람이 나오는데 그는 바로 요셉입니다. 요셉은 르우벤의 배다른 형제였고, 야곱의 11번째 아들이었습니다. 그는 젊은 나이에 형들의 미움을 사서 애굽의 노예로 팔려 갔습니다. 그는 비록 노예의 몸으로 있었지만 놀라운 인격의 소유자였습니다.

그는 보디발 아내의 집요한 유혹을 물리쳤습니다. 그는 자신의 생명을 걸고 거룩을 지켰습니다. 요셉은 그런 사람이었습니다. 요셉이 형들의 미움을 받아 애굽에 노예로 팔려 간 이유도 사실 알고 보면 형 르우벤의 죄를 아버지에게 일러바쳤기 때문입니다. 거룩하고 진실된 삶을 추구했던 요셉에게는 르우벤의 간음죄가 용납되지 않았던 것입니다.

이같이 진실과 거룩을 추구했던 요셉은 어떤 축복을 받았을까요? 장자 르우벤이 받아야 할 두 배의 축복이 요셉에게 돌아갔습니다. 요셉에게는 두 명의 아들이 있었는데 바로 에브라임과 므낫세입니다. 이 두 아들이 각각 기업을 하나씩 받아 누리게 되어 요셉은 결과적으로 두 배의 축복을 받게 되었습니다. 성경은 이 부분을 분명하게 기록합니다.

"이스라엘의 장자 르우벤의 아들들은 이러하니라.(르우벤은 장자라도 그의 아버지의 침상을 더럽혔으므로 장자의 명분이 이스라엘의 아들 요셉의 자손에게로 돌아가서 족보에 장자의 명분대로 기록되지 못하였느니라 유다는 형제보다 뛰어나고 주권자가 유다에게서 났으나 장자의 명분은 요셉에게 있으니라.)"역대상 5장 1-2절

이스라엘은 12지파로 이루어져 있는데 레위 지파는 제사장 지파이기 때문에 원래 기업이 분배되지 않았습니다. 그래서 그 자리에 요셉의 두 아들이 각각 하나씩 지파를 차지하므로 요셉은 두 배의 축복을 누리게 되었습니다.

3. 거룩을 위한 순결

거룩에 대해 이야기하면서 꼭 짚고 넘어가야 할 것이 있습니다. 그것은 바로 혼전순결입니다. 오늘날은 청년들이 이성과 사귀면서 결혼 전에 성적인 관계를 맺는 비율이 점차 늘어나고 있습니다. 심지어는 혼인신고도 하지 않고 동거에 들어가기도 합니다. 그러나 이것은 하나님이 보시기에 아름답지 못한 모습입니다.

'어차피 결혼할 사이인데 어때?' 하고 생각하곤 하지만 그게 그렇게 간단한 문제가 아닙니다. 인생이란 모르는 것입니다. 결혼식장에 들어갈 때까지는 알 수 없는 것입니다. 이 세상 그 어느 누구도 자신이 지금 사귀는 사람과 반드시 결혼할 것이라고 100퍼센트 보장할 수는 없습니다. 그리고 비록 그 사람과 결혼한다고 하더라도 결혼 전에 성적인 부분에 먼저 눈을 뜨게 되면, 두 사람 사이에 형성되어야 할 친밀감이 제대로 형성되지 못하게 됩니다.

오케스트라 연주에서 드럼 소리가 너무 시끄러우면 플롯의 곱고 여린 소리가 묻혀 버리듯이 이성 간에 성적인 관계가 먼저 형성되면 주님 안에서 아름다운 신앙의 관계를 맺는 데 큰 어려움을 겪게 됩니다. 이것은 결혼 후에도 부부간에 친밀감을 형성하는 데 큰 방해가 됩니다.

청년 사역 전문가이신 박수웅 장로님은 젊은 그리스도인들이 성을 조심해야 할 필요를 다음과 같이 말씀하셨습니다. "어린아이는 자기들끼리 바닷가에 가서는 절대로 안 됩니다. 첨벙첨벙 바다 속으로 들어가다가는 마침내 깊은 물에 빠져 허우적댈 수 있습니다. 결혼하지 않은 커플들은 아직 성의 영역에 들어가지 않는 것이 자신과 상대방을 지키는 유일한 길임을 알아야 합니다. 성이란 바다에 뛰어들어 몸을 적셔 보고 싶지만, 한 번 몸을 적시면 또 다시 적시고 싶은 게 바로 그 바다라는 사실을 알아야 합니다."[4]

오늘날 젊은이들은 이런 부분에 대한 개념이 없습니다. 심지어는 그리스도인 청년들도 예외가 아닙니다. 혼전순결을 강조하면 고리타분한 이야기라고 생각합니다. 많은 사람들이 사랑이라는 이름으로 그것을 정당화하고 있지만, 그것은 진정한 사랑이 아닙니다. 오늘날 잘못된 관계로 인해 이 세상에 나오는 아이들이 얼마나 많은지 모릅니다. 더 안타까운 것은 그 아이들이 빛도 보지 못하고 사라진다는 사실입니다.

미국에서는 1년에 150만 건의 낙태가 행해지고 있습니다. 한국의 경우에는 연간 태어나는 신생아가 50여 만 명인데, 낙태 수술에 의해 살해당하는 태아는 150-200만 명이라고 합니다. 이는 임신된 태아의 3-4명 중 1명만이 생존하는 것으로 인

구 비례로 보면 미국의 6배, 세계 1위입니다.[5]

이 얼마나 심각한 일입니까? 하나님이 우리에게 결혼이라는 제도를 주신 것은 우리의 성을 경건한 자녀를 낳는 데 사용하라고 주신 것입니다. "그에게는 영이 충만하였으나 오직 하나를 만들지 아니하셨느냐 어찌하여 하나만 만드셨느냐 이는 경건한 자손을 얻고자 하심이라 그러므로 네 심령을 삼가 지켜 어려서 맞이한 아내에게 거짓을 행하지 말지니라." 말라기 2장 15절

하나님께서 한 남자에게 한 여자만을 주신 이유는 그들을 통해 경건한 자녀를 얻기 위해서입니다. 그래서 진정한 여성은 매력과 정숙함을 둘 다 갖고 있어야 합니다. 매력은 남성으로 하여금 여성에게 다가오게 합니다. 그리고 그 여성을 위해 대가를 지불하고 자기희생을 하게 만듭니다. 그러나 동시에 여성은 정숙함을 갖추어야 합니다. 여성의 정숙함은 자신에게 향하는 남성의 사랑을 단순한 육체적 욕망이 아닌 영혼의 차원으로 이끌어 줍니다.[6]

하나님께서는 경건한 가정을 통해 놀라운 일들을 하십니다. 그것을 보여 주는 흥미로운 이야기가 있습니다. 18세기의 사람으로 조나단 에드워즈와 그의 친구 맥스 쥬크입니다. 그들은 한동네에 살았습니다. 조나단 에드워즈는 하나님을 잘 믿어 목사가 되었고 신앙의 가문을 이루었습니다. 반면에 맥스 쥬크는

무신론자로서 하나님을 떠나 불경건한 삶을 살다가 믿지 않는 여성과 결혼했습니다. 누군가가 호기심에서 그 두 사람의 가문을 20세기 후반까지 추적해 보았습니다.

맥스 쥬크의 자손 가운데 유아 시기에 사망한 아이들은 309명이었고, 직업적인 거지들은 310명이었습니다. 그리고 방탕하게 살다가 육체적으로 질병에 걸린 사람은 440명이었습니다. 또한 130명이 각각 평균 13살 때 교도소에 갔고, 그들 중 7명은 살인죄로 수감되었습니다. 알코올 중독자는 100명이 넘었고, 60명은 상습적인 도둑이 되었습니다. 직업적으로 몸을 파는 창녀는 190명이 나왔습니다. 맥스 쥬크의 자손들은 미국 정부에 150만 달러 이상의 손해를 끼쳤습니다.[7]

한편 조나난 애드워즈의 자손을 조사해 보니 그들 가운데 14명이 대학 총장이 되었고, 대학 교수는 100명 넘게 나왔으며, 법률가는 100명 이상 나왔습니다. 그리고 그중 30명이 판사가 되었습니다. 작가 및 저술가는 60명, 의사는 60명 그리고 목사와 선교사 및 신학 교수는 무려 300명이 넘게 나왔습니다. 이 가족을 통해 미국 산업계의 수많은 거인들이 탄생했습니다. 미국 국회의원도 3명이나 나왔고, 심지어는 미국 부통령도 한 명 나왔습니다.[8]

결과적으로 조나단 에드워즈의 자손 가운데 어느 한 사람도 정부에 해를 끼치거나 짐이 된 사람은 없었습니다.

이 얼마나 놀라운 결과입니까? 그러므로 우리는 최대한 경건한 가정을 이룰 수 있도록 노력해야 합니다. 이를 위해서는 데이트를 할 때부터 자신을 거룩하게 지킬 수 있도록 노력해야 합니다. 두 사람을 성적으로 흥분시키는 단계까지 가지 않도록 미리 선을 그어 놓고 사귀어야 합니다.

오늘 이 말씀을 듣는 분들 가운데 '나는 이미 성적인 순결을 잃어버렸는데 그럼 어떻게 해야 하지?' 혹은 '나는 지금 이성과 교제하면서 선을 넘어 버렸는데 어떻게 해야 하지? 나는 이제 소망이 없는 건가?'라고 생각하는 분들이 있을지 모르겠습니다. 그러나 그런 분들에게도 소망은 있습니다. 우리 주님의 보혈은 그 어떤 죄도 용서할 수 있기 때문입니다. 다만, 이를 깨닫게 되면 변화가 있어야 합니다.

제가 아는 후배 중에 지금 목회자가 된 형제가 있습니다. 이 형제가 대학교 때 예수님을 믿게 되었는데 그때 당시 그 형제는 사귀던 자매와 동거를 하고 있었습니다. 제가 동거를 하지 말라고 말렸지만 그때는 신앙도 없었고 또 이 형제가 고아로서 마땅히 있을 곳도 없고 해서 혼자 자취하고 있는 자매 방에 들어가서 같이 살게 된 것입니다.

그러다가 이 형제가 하나님의 은혜로 예수님을 믿게 되었는데 저는 이 두 사람이 동거 생활을 청산하기를 원했습니다. 그러나 제 입으로 그 말을 하기가 너무 힘들었습니다. 그때 하나님께서 제게 한 가지 방법을 알려 주셨습니다. 기독교인의 데이트와 성에 관해 쓴『파란 불꽃 허락하신 사랑을 찾아서』(한국기독학생회 출판부, 1987)라는 소책자를 주어야겠다는 마음이 든 것입니다. 이 소책자는 최근에『사랑은 배워야 할 감정입니다』(IVP, 2007)라는 제목으로 다시금 출판되었습니다.

이 책은 유명한 가정 사역자인 '월터 트로비쉬'라는 분이 쓴 것으로, 분량에 비해 이성 교제와 성에 관한 강력한 메시지를 담고 있습니다. 그런데 이 책을 넘겨주고 난 뒤에 놀라운 일이 일어났습니다. 이 형제가 자매와의 동거를 청산한 것입니다. 그리고 이 자매도 짐을 싸서 무작정 택시를 잡아타고 가장 힘들고 불쌍한 사람들이 살고 있는 곳으로 자신을 데려가 달라고 기사 분에게 부탁했습니다.

그렇게 해서 이 자매가 간 곳이 바로 정신적·육체적으로 장애를 앓고 있는 어린아이들이 모여 있는 시설이었습니다. 그곳에서 생활하며 이 자매는 6개월 동안 헌신적으로 일했습니다. 그리고 그곳에 있는 동안 신약성경을 10독했습니다. 그동안 형제는 자매를 매주 보러 가면서 신앙생활에 열심을 다했습니다. 두 사람의 그런 모습을 보고, 저는 많은 감동을 받아 교회에 요청해 두 사람이 결혼할 수 있도록 주선해 주었습니다. 그 결과 그들은 지금 부부가 되어 떳떳하게 주님을 섬기는 사역자가 되었습니다.

이 얼마나 아름다운 모습입니까? 예수님께서는 간음한 여인을 정죄하지 않고 용서해 주기는 하셨지만 "가서 다시는 죄를 범하지 말라."요한복음 8장 11절고 하셨습니다. 지난 잘못들은 우리가 하나님 앞에 내어놓고 용서를 받으면 됩니다. 그러나 중요한 것은 이제부터는 그렇게 살지 않아야 한다는 것입니다. 이를 위해 우리는 주님의 거룩이 드러나는 삶을 살고자 결단하는 것이 중요합니다.

4. 거룩할 수 있는 방법

거룩은 쉽게 다룰 수 있는 주제가 아닙니다. 실제 삶에서 거룩하게 산다는 것은 결코 쉬운 일이 아니기 때문입니다. 그러나 그럼에도 불구하고 우리가 거룩해지고자 몸부림친다는 것 자체가 큰 축복입니다. 그것 자체가 거듭 났다는 증거이기 때문입니다.

하나님은 완벽함을 요구하시지는 않습니다. 인간으로 육체를 갖고 있는 이상 완벽하게 거룩한 존재가 될 수는 없기 때문입니다. 그러나 우리가 하나님의 사람이라면 육체의 소욕을 통제하고 다스릴 필요가 있습니다.

이를 집으로 비유해서 설명해 보겠습니다. 누군가의 집을 가 보면 깨끗한 집이 있고, 더러운 집이 있습니다. 그런데 여기서 우리가 알아야 할 사실은 깨끗한 집이라고 해서 쓰레기가 아예 없는 것은 아니라는 것입니다. 이 세상에 쓰레기가 없는 집은 없습니다. 그런데 깨끗한 집과 더러운 집의 차이는 더러운 집은 쓰레기를 그대로 방치해 놓는다는 것이고 깨끗한 집은 쓰레기를 쓰레기통에 모아 놓는다는 사실입니다.

별것 아닌 것 같아도 이것은 큰 차이입니다. 그리고 이것은 중대한 차이입니다. 거룩의 문제도 마찬가지입니다. 거룩한 사람과 그렇지 않은 사람의 차이는 죄를 다루는 능력에 있습니다. 거룩한 사람도 죄의 유혹을 받고 거룩하지 않은 사람도 죄의 유혹을 받습니다. 그런데 거룩하지 않은 사람은 죄가 자신의 삶을 마음껏 주관하도록 죄에 자신을 방치해 놓습니다. 그러나 거룩한 사람은 죄를 다스리고 통제합니다.

그러므로 죄의 유혹을 어떻게 이기고 극복하는가 하는 것이 중요합니다. 죄의 유혹을 당연한 것으로 알고 그것에 굴복하여 살면 거룩하지 않은 타락한 사람이 되고, 성령의 능력으로 그것을 통제하고 다스리면 거룩한 사람이 되는 것입니다.

육체의 욕구가 강하더라도 그것을 당연시하며 따라가지 마십시오. 성령의 소욕을 따라가기 위해 몸부림치시기 바랍니다. 성경에 이런 말씀이 있습니다. "내가 이르노니 너희는 성령을 따라 행하라 그리하면 육체의 욕심을 이루지 아니하리라."갈라디
아서 5장 16절

사탄의 거짓말에 속지 마시기 바랍니다. 우리는 어차피 죄를 지을 수밖에 없는 존재라는 거짓말에 넘어가지 마시기 바랍니다. 우리가 육체의 욕구를 따라 육체의 소욕을 채우면 점차적으로 육체의 욕망이 해소되어 없어지는 것이 아니라 오히려 더 심한 욕구가 일어나 계속해서 더 많은 것을 요구하게 됩니다. 그러다 보면 끝이 없습니다.

14세기에 공작이었던 레이놀드 3세(Raynald III)라는 사람이 있었습니다. 그는 먹는 것을 아주 즐기는 사람이었고, 그로 인해 아주 뚱뚱한 체격을 유지하고 있었습니다. 레이널드의 동생인 에드워드는 반역을 일으켜 형과의 격렬한 싸움에서 승리했습니다. 그러나 에드워드는 형을 죽이지 않았습니다.

그 대신 뉴커크(Nieuwkerk)성에 방을 하나 만들어 거기에 형을 가둬 놓았습니다. 그 방은 일종의 감옥이었지만 보통 감옥과는 완전히 달랐습니다. 그 방은 지키는 사람도 없고 문이 잠겨 있지도 않았기에 보통 사람이라면 누구든지 쉽게 그 방을

나갈 수 있었습니다.

그러나 문제는 레이널드의 몸집이 방문을 통과하기에는 너무 컸다는 것입니다. 그가 자유를 얻기 위해서는 반드시 몸무게를 줄여야 했습니다. 그러나 형을 잘 알고 있는 동생 에드워드는 매일 그 방으로 진수성찬을 들여보냈습니다. 자유를 얻기 위해서는 다이어트를 해야 했지만, 오히려 레이널드는 날로 더욱 뚱뚱해졌습니다. 그래서 그는 동생 에드워드가 전쟁터에서 죽을 때까지 10년 동안 그 방에서 나올 수가 없었습니다. 그리고 나중에 동생이 죽고 나서 나온 뒤에도 건강이 심하게 악화되어 1년도 살지 못하고 죽고 말았습니다.[9]

우리도 육체의 욕구를 계속 따라가다 보면 끝내 욕망이라는 감옥을 탈출할 수가 없습니다. 우리 눈에 좋은 대로 우리 몸이 요구하는 대로 계속 따라가다 보면 죄의 생활에 빠져 점점 자유를 잃게 되어 죄의 노예가 되고 마는 것입니다. 그러나 반대로 자꾸 성령을 추구하고 성령의 욕구를 따라 살아가다 보면 어느새 죄가 다스려지고 통제되어서 거룩한 삶을 살 수 있게 됩니다.

물론 이는 결코 쉬운 일이 아닙니다. 그러나 그렇다고 불가능한 일도 아닙니다. 저는 언젠가 꿀이 상하지 않는 이유에 대해 들은 적이 있습니다. 일반적으로 음식물은 실온에 오래 놓아두면 상합니다. 그러나 꿀은 전혀 상하지 않는다고 합니다. 그 이유는 꿀은 당도가 아주 높기 때문입니다. 꿀에 곰팡이가 생기려고 하면 삼투압 현상으로 수분을 모두 빼앗아 버리기 때문에 곰팡이나 세균과 같은 미생물이 들어와도 쉽게 부패하지 않는다고 합니다.

저는 영적인 세계도 마찬가지라고 생각합니다. 우리가 영적으로 충만해 있으면 죄가 쉽사리 들어오지 못합니다. 그러나 문제는 그 영적 충만의 상태를 계속 유지하는 것이 쉽지 않다는 것입니다. 그래서 성경은 쉬지 말고 기도하고 끊임없이 성령충만하라고 요구하는 것입니다. 우리의 영적 수준을 높여서 죄가 들어오지 못하게 하기 위해서입니다.

오늘날 그리스도인들 가운데 가장 시급히 회복해야 할 것이 바로 거룩입니다. 거룩을 회복해야 능력 있는 그리스도인의 삶을 살 수 있습니다. 말세의 특징은 거룩하지 않다는 것입니다. "너는 이것을 알라 말세에 고통하는 때가 이르러 사람들이 자기를 사랑하며 돈을 사랑하며 자랑하며 교만하며 비방하며 부모를 거역하며 감사하지 아니하며 거룩하지 아니하며." 디모데후서 3장 1-2절 그렇게 볼 때 오늘날은 확실히 말세입니다.

그렇다면 이러한 때 우리는 어떻게 살아야겠습니까? 경건하고 정결한 삶을 추구하며 살아야 합니다. "끝으로 형제들아 무엇에든지 참되며 무엇에든지 경건하며 무엇에든지 옳으며 무엇에든지 정결하며 무엇에든지 사랑 받을 만하며 무엇에든지 칭찬 받을 만하며 무슨 덕이 있든지 무슨 기림이 있든지 이것들을 생각하라."^{빌립보서 4장 8절}

거룩할 수 있는 능력은 말씀에서 나오고 거룩할 수 있는 능력은 기도에서 나옵니다. "하나님의 말씀과 기도로 거룩하여 짐이라."^{디모데전서 4장 5절} 그러므로 우리는 모두 말씀과 기도로 자신을 더욱 거룩하게 다듬어 하나님께서 마음껏 쓰실 수 있는 그릇이 되어야 합니다.

"양은 도랑에 빠질 수는 있지만, 돼지는 그 속에서 뒹굴고 산다."

_윌리엄 거널

짐 엘리엇(Jim Elliot)은 미국 선교 역사상 가장 유명한 사람 중의 한 명입니다. 그는 명문 휘튼대학교를 나온 장래가 촉망되는 젊은이였지만, 에콰도르의 살인 부족 아우카 인디언들에게 복음을 전하다가 동료 선교사 네 명과 함께 죽었습니다. 그때가 1956년이었고, 그의 나이는 불과 28살이었습니다.

그들 선교사 다섯 명은 아우카 인디언들에게 복음 한번 전해 보지 못하고 죽었습니다. 그렇기에 당시 사람들이 보기에는 그들의 죽음이 헛된 것 같아 보였습니다. 더군다나 짐 엘리엇은 휘튼대학교를 최우등으로 졸업한 수재였습니다. 그래서 그의 죽음이 더욱 안타깝게 느껴졌습니다. 그러나 그들의 고귀한 죽음은 이후 수많은 젊은이들에게 영향을 끼쳐 그들이 새롭게 선교에 헌신하게 했습니다.

짐 엘리엇은 대학 시절에 자신의 죽음을 예견한 듯한 다음과 같은 말을 그의 일기장에 적었습니다. "He is no fool who gives what he cannot keep to gain what he cannot lose."(영원한 것을 얻고자 영원할 수 없는 것을 버리는 자는 바보가 아니다.) 그는 영원하지 못한 자신의 생명을 주님의 제단에 내려놓고, 그 대신 영원한 하늘 상급과 면류관을 얻었습니다.

죽음 이후에 그의 삶이 여러 사람에게 알려진 것은 부인 엘리자베스 엘리엇 덕분이었습니다. 그녀는 결혼한 지 3년 만에 남편을 잃었지만 남편의 충격적인 죽음 앞에서도 하나님을 향한 믿음을 잃지 않고, 짐 엘리엇의 삶과 죽음에 관한 책을 써서 수많은 사람들이 하나님 앞에서 헌신의 삶을 살도록 도전을 주었습니다.

　특별히 그녀가 남편 짐 엘리엇과의 만남을 기억하며 쓴 책으로『열정과 순결』(좋은씨앗, 2012)이 있습니다. 이 책은 그녀가 젊은이들에게 성과 사랑과 결혼에 대해 가르쳐 주기 위해 쓴 것으로, 두 사람이 만나게 된 과정과 그들이 하나님 안에서 어떻게 그들의 사랑과 결혼을 완성시켜 나갔는지를 자세히 설명해 주고 있습니다.

　짐과 엘리자베스는 같은 대학교에서 만났습니다. 두 사람의 만남은 아름다웠지만 결혼에 이르기까지는 무척 오랜 시간의 기다림이 필요했습니다. 짐이 정글 지역의 선교사로 헌신했기 때문에 두 사람은 자신의 감정을 절제하며 하나님의 뜻을 물어보아야 했습니다. 결국 5년이 넘는 기다림 끝에 그들은 결혼에 성공했고, 그들은 서로를 존중해 주며 결코 하나님 앞에서 부끄러운 모습이 되지 않도록 노력했습니다.

엘리자베스는 그녀의 책에서 다음과 같이 말합니다. "남성이 여성을 사랑한다는 것은 그 여성을 가장 고귀하게 여기는 것이다. 반대의 경우도 마찬가지다. 나는 하나님의 부르심을 받은 짐의 정신을 흐트러뜨리고 싶지 않았다. 그의 에너지를 뺏고 싶지 않았다. 어떤 식으로든 고귀한 절대자를 향한 복종에 방해물이 되고 싶지 않았다. 나에게 이것이야말로 진정한 사랑이었다."[10]

또한 이 책에서 엘리자베스 엘리엇은 결혼 전에 성적 욕구를 절제해야 하는 이유를 다음과 같이 설명합니다. "솔직히 나는 무척 감성적인 편이다. 내가 순결을 소중히 했던 것은 윤리관이 엄격해서만은 아니었다. 또한 기독교의 율법에 매여서만도 아니었다. 내가 순결을 소중이 간직했던 이유는 훗날을 위한 투자였다. 크리스마스 선물의 묘미는 깜짝 놀랄 즐거움에 있다. 그 선물은 크리스마스 당일에 풀어야 그 기쁨의 의미가 있는 것이지, 그 전에 선물이 무엇인지 다 안다면 흥미가 떨어질 것이다. 나는 그런 이유로 신비스러움과 좋은 것에 대한 기대감을 추구한 것이었다."[11]

이처럼 하나님은 성이라는 선물을 큰 기쁨으로 주시기 위해 결혼 전까지 순결을 요구하시는 것입니다. 그녀는 또 다음과 같은 말을 합니다. "하나님의 원리 안에서의 성 생활은 전쟁터라고 표현해도 과언이 아니다. 그곳에서야말로 자신의 진정한 주인이 누구인지 확실해진다. 세상인지, 자신인지, 마귀인지 아니면 우리 주 예수님인지."[12]

짐은 오랜 기다림 끝에 엘리자베스를 자신의 아내로 얻었지만, 그 기다림이 헛되지 않았습니다. 그는 하나님을 사랑하는 순결한 여인을 아내로 얻었습니다. 또한 짐이 그녀와 3년의 시간밖에 보내지 못했지만 그 결혼생활도 헛된 것이 아니었습니다.

짐이 죽은 지 한 달도 안 되어 그의 아내는 다른 순교자의 가족들과 함께 아우카 인디언들이 사는 마을로 갔습니다. 그리고 수년이 흐른 뒤에 선교사들을 죽인 6명의 아우카 인디언들은 결국 회개하고 주님을 구주로 영접하게 되었습니다.[13]

28살에 순교한 짐 엘리엇은 21살 때에 이런 기도를 남겼습니다. "아버지, 저로 분기점 같은 사람이 되게 하소서. 제가 접하는 사람들을 결단의 기로로 이끄소서. 저는 직선도로의 표지판이 되고 싶지 않습니다. 저를 갈림길로 삼아 주소서. 그리하여 사람들이 제 안에 계신 그리스도를 보고 어느 쪽으로든 하나를 택하게 하소서."[14]

그의 기도는 모두 이루어졌습니다. 그의 삶을 통해 수많은 사람들이 선교의 비전을 발견했고, 그들의 목숨을 주님께 바쳐야 할 이유를 알게 되었습니다. 짐 엘리엇과 그의 부인 엘리자베스 엘리엇의 경건하고 거룩한 삶과 헌신을 통해 수없이 많은 젊은 이들이 그들의 삶의 방향을 주님께로 향하게 되었습니다. 이것이 바로 거룩한 삶이 주는 능력입니다.

5장

청년과 결혼

언약에 근거한
결혼이 진정한
결혼이다

하나님은 창조를 통해서는
하나를 둘로 나누시고,
결혼을 통해서는
둘을 하나로 합하신다.

_토마스 아담스

1. 결혼의 신비

미국의 가정 사역 단체인 Focus on the Family의 대표인 제임스 돕슨 박사가 그의 아내와 함께 쓴 *Night Light: A Devotional for Couples*(나이트 라이트; 도서출판 NCD, 2005)라는 책을 보면 로라 진 앨런(Laura Jeanne Allen)이 쓴 SHMILY라는 제목의 이야기가 나옵니다.

로라는 이 이야기에서 자신의 조부모님의 결혼생활을 언급합니다. 로라의 조부모님은 50년 넘게 부부간에 아주 특별한 게임을 해 오셨다고 합니다. 그것은 집안 곳곳에 'shmily'라는 글자를 숨겨 놓았다가 찾는 게임입니다. 한 사람이 전혀 예상치 못한 곳에 이 글자를 숨겨 놓으면 그것을 발견한 상대방은 또다시 이 글자를 어딘가에 숨겨 놓는 것입니다.

설탕과 밀가루 그릇에 손가락으로 'shmily'라는 글자를 새겨 놓으면, 식사를 준비하는 사람은 그 그릇에서 글자를 발견합니다. 혹은 스팀이나 욕실 거울에 적혀 있는 경우도 있었습니다. 이때는 뜨거운 물이 쏟아져 내린 후에야 욕실 거울에 그 글자가 나타납니다.

언젠가 할머니는 화장실용 휴지의 롤을 전부 풀어서 마지막 장에 'shmily'라는 글자를 남기고 다시 되감아 놓은 적도 있었습니다. 'shmily'라는 글자는 자동차 핸들이나 계기반에서 발견되기도 하고, 심지어는 신발 속이나 베게 밑에도 있었습니다. 이 신비스러운 말은 마치 가구처럼 두 사람이 사는 집의 일부로 여겨졌을 정도입니다.

그러나 불행히도 할머니가 유방암에 걸렸습니다. 할아버지는 할머니를 한결같이 돌보면서 주일마다 함께 교회에 나갔습니다. 하지만 할머니의 몸은 점점 더 쇠약해져 마침내 교회를 나갈 수 없게 되었고, 얼마 후 안타깝게도 세상을 떠나고 말았습니다. 'shmily'라는 말은 할머니의 장례식 화환에 크게 새겨졌고, 할아버지는 눈물을 흘리며 할머니에게 마지막 작별을 고했습니다.

장례식이 끝난 후 사람들은 할아버지에게 그 단어의 의미가 무엇인지를 물어보았습니다. 마침내 할아버지는 두 사람만의 비밀이었던 그 말의 의미를 공개했습니다. 'shmily'라는 말의 의미는 'See How Much I Love You'(내가 당신을 얼마나 사랑하는지 보세요)라는 뜻이었습니다.[1]

부부간의 사랑이 식어 가고 결혼의 진정한 의미가 퇴색되어 가고 있는 오늘날, 이 노부부의 이야기는 우리에게 많은 것을 생각하게 해 줍니다. 진정한 결혼은 장밋빛 로맨스로만 이루어지는 것이 아닙니다. 진정한 결혼의 기초는 상대방에 대한 존경과 신뢰 그리고 끝없는 헌신으로 이루어집니다.

그래서 어떤 면에서 부부는 연인이기 이전에 친구와 같은 존재입니다. 청교도 연구의 전문가인 리랜드 라이큰(Leland Ryken) 교수는 청교도의 결혼 윤리는 "지금 이 순간 열렬히 사랑하는 사람을 배우자로 맞이한다는 데 그 첫 덕목이 있지 않고, 일생을 함께할 좋은 친구로서 오래도록 사랑할 수 있는 사람을 찾고 그러기 위해 하나님의 도우심을 구한다는 데 있었다."[2]라고 말합니다.

부부 관계 연구의 전문가인 존 고트맨(John M. Gottman)도 부부는 먼저 친구 같은 존재가 되어야 함을 강조하며 부부간의 우정의 중요성을 다음과 같이 설명합니다.

"행복한 결혼생활은 강력한 우정에 기초하고 있다. 여기서 우정은 서로를 존중하고, 서로 함께하는 시간을 즐거워하는 것을 말한다. 이런 부부는 서로를 너무나도 잘 안다. 상대방이 좋아하는 것이나 싫어하는 것, 유별난 성격과 꿈까지 모르는 것이 없다. 이런 부부는 늘 서로를 존경하고, 특별한 경우가 아니라도 일상 속에서 소소하게 애정을 표현하며 살아간다… 우정이 있는 가정에는 좀처럼 미움이 침범하지 못하기 때문에 우정은 부부의 사랑의 불길에 연료를 공급하는 역할을 한다고 말할 수 있다."[3]

우리가 흔히 사용하는 'soul mate'라는 말이 바로 여기에 해당하는 용어라고 생각합니다. 부부는 서로 영혼을 나누는 동반자임을 잊지 말아야 합니다. 특별히 그리스도인 부부는 하나님께서 서로를 도와주고 격려하여 천국까지 무사히 갈 수 있도록 붙여 준 사람이라는 사실을 반드시 기억해야 합니다. 남편이 쓰러질 때는 아내가 붙잡아 주고, 아내가 넘어질 때는 남편이 일으켜 주어야 합니다. 그러므로 배우자는 외롭고 힘든 인생길을 걸어가면서 지쳐 쓰러지지 않게 하나님이 우리에게 주신 특별한 선물입니다.

내가 넘어질 때 붙잡아 줄 사람이 없는 것은 참으로 슬픈 일입니다. 반면 내가 힘들 때마다 나를 붙들어 주고 일으켜 줄 수 있는 사람이 있다는 것은 큰 축복입니다. 전도서는 헛되고 헛된 세상이지만 이 세상에서 아내와 함께 행복하게 사는 것이 우리 인생이 누리는 최고의 행복이고 즐거움이라고 이야기합니다.(전도서 9장 9절 참고.)

이같이 부부 관계는 참으로 아름다운 것입니다. 그러나 동시에 기억해야 할 것이 있습니다. 부부는 이 세상에서 가장 친밀한 관계이기 때문에 그 관계가 아름답게 잘 형성될 때는 이 세상 그 무엇보다 아름답고 행복한 대상이 될 수 있지만, 그 관계가 잘못되면 그 누구보다 더 큰 고통과 상처를 주는 대상이 될 수 있다는 것입니다.

빌리 그레이엄 목사님은 세계 최고의 복음 전도자입니다. 누군가가 이분의 아내인 룻 그레이엄에게 이혼의 충동을 느껴 본 적이 있느냐고 물었습니다. 그러자 그녀는 "이혼의 충동은 느껴 보지는 않았지만 살인의 충동은 느껴보았습니다."라고 대답했다고 합니다. 그만큼 가까운 사이인 부부간에 받을 수 있는 고통과 아픔은 상상을 초월하는 것입니다.

중국의 고사 숙어 중에 가화만사성(家和萬事成)이라는 말이 있습니다. 무슨 뜻입니까? '가정이 화목해야 만사가 다 성취된다'라는 뜻입니다. 그러나 이 말을 다른 식으로 설명할 수도 있습니다. '가화만사성'이란 '가정에서 화가 나면 만사가 성이 난다'라는 뜻으로 해석할 수도 있습니다. 물론 유머러스한 풀이

이지만 묘하게 그 뜻이 들어맞습니다.

사실이 그러합니다. 가정이 잘되면 모든 일이 잘 풀리지만 가정에서 화가 나면 모든 일에서 화가 납니다. 아침에 남편과 아내가 싸움을 하면, 남편은 대문을 걷어차고 나갑니다. 그리고 직장에 가서는 괜히 동료들과 싸웁니다. 부인도 화가 나니까 아이들에게 고함을 칩니다. 그러면 아이들은 화풀이할 곳이 없어서 마당에 있는 강아지를 걷어찹니다.

이렇게 모든 일에 화가 나는 것입니다. 그러므로 우리는 하나님께서 주신 가정을 화목하고 아름답게 가꾸어야 할 책임이 있습니다. 이를 위해 결혼의 목적과 성경적인 결혼관을 올바르게 아는 것이 중요합니다.

2. 결혼의 목적

먼저 결혼의 목적을 생각해 보겠습니다. 사람들은 왜 결혼할까요? 외롭고 쓸쓸하니까? 옆구리가 허전하니까? 여러 가지로 대답할 수 있겠지만 결혼 자체가 하나님께서 인간에게 주신 제도이기 때문에 결혼의 목적을 성경에서 찾아보는 것이 지혜로운 태도입니다.

1) 친밀함의 욕구를 충족시키기 위해

하나님께서 결혼 제도를 만드신 첫 번째 이유는 인간에게 있는 친밀함의 욕구를 충족시키기 위해서입니다. 인간은 그 어느 누구라도 혼자 존재할 수 없습니다. 인간은 사회적 동물입니다. 성경에는 하나님께서 혼자 있는 아담을 위해 하와를 만드신 내용이 기록되어 있습니다.

> "여호와 하나님이 이르시되 사람이 혼자 사는 것이 좋지 아니하니 내가 그를 위하여 돕는 배필을 지으리라 하시니라." 창세기
> 2장 18절

하나님께서 천지를 창조하시고 모든 것이 좋았다고 말씀하셨지만 좋지 않다고 말씀하신 것이 딱 한 가지 있었는데, 그것이 바로 사람이 혼자 사는 것입니다.

하나님께서는 유일신이지만 홀로 존재하지 않으시고 삼위일체로 존재하십니다. 하나님의 존재 자체 속에 공동체성이 들어있습니다. 하나님께서 인간을 창조하실 때 하나님의 형상대로 창조하셨기에 인간에게도 이런 공동체적인 친밀감에 대한 욕구가 있습니다.

하나님께서 아담을 창조하시고 그에게 모든 동물을 차례로

다 보여 주셨습니다. 아담은 그 모든 동물의 이름을 직접 지었습니다. 그러나 그 어떤 동물도 아담의 외로움을 달래 줄 수는 없었습니다. 그래서 하나님께서는 아담을 위해 친히 돕는 배필인 여자를 만들어 주셨습니다.

그렇게 볼 때 남자와 여자는 원래 한 몸이었기에 서로를 더욱 그리워하는 것 같습니다. 결혼은 떨어져 있던 두 사람이 다시 하나로 합쳐지는 하나님의 섭리입니다. 고독은 몸에 좋지 않습니다. 하나님께서는 우리의 고독을 덜어 줄 목적으로 결혼 제도를 주셨습니다. 그러므로 부부는 하나님께서 주신 배우자를 외롭지 않게 해야 할 책임이 있습니다.

2) 자녀의 출산과 양육을 위해

하나님께서 결혼을 허락하신 또 하나의 이유는 바로 자녀의 출산과 양육을 위해서입니다. 창세기에 나오는 말씀입니다.

"하나님이 자기 형상 곧 하나님의 형상대로 사람을 창조하시되 남자와 여자를 창조하시고 하나님이 그들에게 복을 주시며 하나님이 그들에게 이르시되 생육하고 번성하여 땅에 충만하라, 땅을 정복하라, 바다의 물고기와 하늘의 새와 땅에 움직이는 모든 생물을 다스리라 하시니라." 창세기 1장 27-28절 하나님께서는 인간에게 복을 주시면서 생육하고 번성하라고 말씀하셨습니다. 그리고 그 일을 이루기 위해 남자와 여자를 창조하시고 결혼이라는 제도를 허락하셨습니다. 물론 인간은 결혼을 하지 않고서도 아이를 낳을 수 있습니다. 생물학적으로는 그것이 가능합니다. 그러나 결혼하지 않은 상태에서 아이가 생기면 그것은 축복이라기보다는 재앙이 됩니다.

오늘날 얼마나 많은 아이들이 결혼이라는 울타리 바깥에서 태어나는지 모릅니다. 그 아이들의 대부분은 버려지거나 불행해집니다. 하나님께서는 우리가 아이를 낳아서 키우도록 가정이라는 울타리를 주셨습니다. 제가 결혼해서 아이를 키워 보니 출산은 여자 혼자서 하지만 아이를 양육하고 키우는 데는 엄마와 아빠가 모두 필요하다는 사실을 알 수 있었습니다.

아이를 한 명 키우는 데 얼마나 신경이 많이 쓰이고 손이 많이 가는지 모릅니다. 한 사람이 감당할 수 없는 일입니다. 특별히 아이에게는 아빠의 듬직함과 엄마의 자상함이 모두 필요합니다. 그럴 때 아이는 균형 잡힌 모습으로 자랄 수 있습니다. 그래서 하나님께서는 생육과 번성을 위해 결혼이라는 제도를 주셨습니다. 이것은 하나님의 놀라운 지혜라고 말하지 않을 수 없습니다.

3) 예수님의 사랑을 알게 하기 위해

세 번째로 하나님께서 결혼을 허락하신 이유는 예수님의 사랑을 알게 하기 위해서입니다. 에베소서 5장 31-33절 말씀을 읽어 보겠습니다.

"그러므로 사람이 부모를 떠나 그의 아내와 합하여 그 둘이 한 육체가 될지니 이 비밀이 크도다 나는 그리스도와 교회에 대하여 말하노라 그러나 너희도 각각 자기의 아내 사랑하기를 자신 같이 하고 아내도 자기 남편을 존경하라."에베소서 5:31-33

사도 바울이 결혼 이야기를 하다가 갑자기 왜 그리스도와 교회 이야기를 할까요? 그리고 그것을 왜 비밀이라고 말한 걸까요? 그 이유는 남녀 간의 결혼이 예수님과 교회와의 관계를 보여 주는 모형이 될 수 있기 때문입니다. 아담은 자신의 아내를 얻기 위해 옆구리에 피를 흘렸습니다. 예수님도 자신의 신부되는 교회를 얻기 위해 십자가 위에서 피를 흘리시고 옆구리에 창을 맞으셨습니다.

교회는 주님께 충성하며 복종합니다. 마찬가지로 아내도 자기 남편을 존경하며 남편에게 복종해야 합니다. 에베소서 5장 33절에는 아내에게 "남편을 존경"하라고 말하지만 5장 24절에는 아내에게 "범사에 남편에게 복종"하라고 되어 있습니다.

남편에게 복종하라고 하면 아내는 억울하게 생각하는 경향이 있지만 사실상 억울할 게 없습니다. 왜냐하면 성경에서 남편에게 요구하는 사항은 훨씬 더 크기 때문입니다. 에베소서 5장 25절을 보면 "남편들아 아내 사랑하기를 그리스도께서 교회를 사랑하시고 그 교회를 위하여 자신을 주심 같이 하라."고 되어 있습니다.

남편은 아내를 위해 희생을 감수해야 하며, 주님께서 교회를 위해 생명을 주셨듯이 아내를 죽기까지 사랑해야 합니다. "범사에 복종하는" 것과 "목숨 바쳐 사랑하는" 것 중 어느 것이 더 어렵습니까? 아무래도 목숨을 내 놓으라는 명령이 더 힘들지 않겠습니까?

그러나 사실은 둘 다 어렵습니다. 남편이나 아내나 이렇게 살기 위해서는 매일 자신을 부인하고 십자가 위에 자신을 내어 놓아야 합니다. 그러나 이렇게 살다 보면 우리를 향한 예수님의 희생과 사랑을 어렴풋이 깨닫게 됩니다. 그리고 부부가 이렇게 살기 위해 몸부림치다 보면 어느새 나의 모난 곳이 깎여지고 다듬어지면서 서서히 예수님의 인격을 닮아가게 됩니다.

이처럼 결혼이라는 것은 단순히 두 사람의 만남으로 끝나는 것이 아니라 깊은 영적인 의미가 있는 것입니다. 사람들은 결혼을 통해 비로소 자아가 완성되고 인격이 다듬어져 갑니다. 그래서 헬렌 롤랜드(Helen Roland)는 결혼에 관해 다음과 같은 말을 합니다. "결혼은 마취제를 사용하지 않고 여자의 허영심과 남자의 자기중심적인 태도를 잘라내는 수술입니다."[4]

결혼을 통해 우리는 수술을 받습니다. 예수님을 믿으면서도 여전히 깨어지지 못하는 자아가 깨어지는 경험을 하는 것입니다. 예수님을 믿으면서도 여전히 남아 있는 모난 부분이 다듬어져 가는 경험을 하는 것입니다. 서로를 한없이 용서하고 서로에게 한없이 인내하면서 내적으로 성령의 열매를 맺어 나가는 것입니다. 이것이 결혼을 통해 하나님께서 우리 속에 이루시는 일입니다.

이런 어려운 시간들을 거쳐 나간 부부는 이제 그들의 삶에서 서서히 하나님의 영광을 드러내기 시작합니다. 서로 섬기는 모습을 통해 본인뿐만 아니라 옆에 있는 사람들이 천국의 은혜를 맛보게 됩니다. 그리하여 결국 이 부부가 이루는 가정이 하나님이 계신 천국을 이 땅에서 미리 맛보게 하는 통로 역할을 하게 되는 것입니다.

그래서 헨리 롱펠로(Henry W. Longfellow)라는 시인은 가정에 대해 다음과 같은 멋진 말을 했습니다. "하나님을 모신 경건한 가정은 모든 식사가 성만찬이다."[5]

하나님께서는 결혼을 통해 그리스도인 부부가 이 땅에서 천국을 미리 맛보기를 원하십니다. 또한 두 사람이 사는 모습을 통해 천국을 다른 사람들에게 보여 주기를 원하십니다. 그래서 결혼에는 이런 선교적 목적이 있습니다.

3. 결혼의 언약성

결혼이 이토록 아름답고 귀한 것이지만 오늘날 사람들은 대부분 결혼을 통해 천국을 경험하기보다는 오히려 지옥을 경험합니다. 오늘날 결혼생활에 관한 통계를 보면, 이를 명확히 알 수 있습니다.

오늘날 미국의 경우 이혼률이 65퍼센트에 달합니다. 그리고 나머지 35퍼센트 가운데도 10퍼센트는 이런저런 이유 때문에 불행한 결혼생활을 지속합니다. 그렇게 따진다면 결혼을 해서 실패하는 비율이 약 75퍼센트에 달한다는 충격적인 결과가 나옵니다. 여기에 대해 깊이 생각해 보아야 합니다. 우리가 만약 비행기를 타는데 그 비행기의 사고율이 75퍼센트라면 그 비행기에 타겠습니까? 그리고 자녀들이 그 비행기에 타도록 내버려 두겠습니까?[6]

그렇다면 오늘날에는 왜 이렇게 불행한 결혼이 많을까요?

그에 대한 대답으로 폴 스티븐스(Paul Stevens)는 결혼에 대한 기초가 잘못되어 있다는 사실을 지적합니다. 그는, 오늘날 대다수의 결혼에는 성경이 결혼의 핵심으로 규정하고 있는 것이 실종되어 있다고 말합니다. 그것은 바로 '언약'입니다. 진정한 결혼은 바로 그 언약의 기초 위에 세워져야 함을 그는 강조합니다.

오늘날 대부분의 결혼은 언약 결혼이 아닙니다. 그 이유는 진정한 헌신과 무조건적인 사랑의 태도가 결여되어 있기 때문입니다. 폴 스티븐스는 언약 결혼의 정의를 다음과 같이 말합니다. "언약 결혼은, 하나님 앞에서 엄숙하게 맺어진 평생의 언약적 동반자 관계로서, 이 언약을 통해 한 남자와 여자는 이 땅에서 두 사람의 생명이 다하는 날까지 서로에게 속하기로 합의하는 것이다."[7]

이러한 언약 결혼을 하는 사람은 죽는 날까지 상대방에게 전적으로 헌신하고 무슨 일이 있어도 그 사람을 끝까지 사랑하기로 서약하는 것으로서 자신의 결혼을 이해합니다. 이러한 사람은 인생이 힘들어도 소망을 잃지 않습니다. 상대방이 나를 버리지 않을 것을 알기 때문입니다. 또한 이 언약 결혼의 주체이신 하나님께서 그들 부부를 끝까지 돌봐 주시고 지켜 주실 것을 믿기 때문입니다.

오늘날은 이기적인 시대입니다. 그러므로 사람들은 '서로 사랑하는 한' 함께하기로 마음먹습니다. 그러나 언약 결혼을 하는 사람은 '서로 살아 있는 한' 함께하기로 마음먹습니다. 이 차이를 아시겠습니까? 그러므로 언약 결혼을 하는 사람은 이혼의 가능성 자체를 염두에 두지 않습니다. 그러므로 언약 결혼은 결코 실패할 가능성을 염두에 두지 않는 결혼입니다.[8]

인간이 다른 동물과 다른 점이 바로 그것입니다. 인간은 맹세하고 그 맹세를 지킬 수 있는 능력이 있습니다. 여기에 진정한 인간다움이 있는 것입니다. 언약 결혼은 바로 이 맹세에 근거해서 이루어진 결혼입니다.

그리고 이 언약 결혼이 영적으로도 중요한 의미를 지니고 있는 이유는 성경의 핵심을 꿰뚫고 있는 중심 사상이 바로 언약 사상이기 때문입니다. 이스라엘 백성을 한마디로 정의하라고 한다면 바로 언약 백성이라는 점입니다. 그들은 하나님과 언약을 맺은 사람들입니다. 이를 성경은 다음과 같은 말로 표현합니다. "너희는 내 백성이 되겠고 나는 너희들의 하나님이 되리라."예레미야 30장 22절 이것은 그들이 하나님 앞에서 유일무이한 존재가 되었고 이로 인해 그들도 오직 하나님 한 분만 전심으로 따르고 사랑해야 한다는 것을 의미합니다. 마치 한 쌍의 부부와 같이 이스라엘 백성은 하나님과 하나가 되었습니다.

실제로 하나님은 자신을 남편이라고 표현합니다. "이는 너를 지으신 이가 네 남편이시라 그의 이름은 만군의 여호와이시며 네 구속자는 이스라엘의 거룩한 이시라 그는 온 땅의 하나님이라 일컬음을 받으실 것이라."이사야 54장 5절

바로 이런 이유로 인해 인간의 결혼이 하나님의 언약을 닮게 되어 있는 것입니다. 성경학자 R. J. 엘리치는 다음과 같은 말을 합니다. "남자와 여자가 구별된 존재이면서도 부부라는 친밀한 관계를 지속시키는 결혼은 하나님이 주의 백성과 교회와 맺으신 언약을 상징합니다."⁹

우리는 언약 결혼을 통해 하나님의 자비와 사랑을 배웁니다. 사실상 살아온 환경도 다르고 생각하는 것과 가치관도 다른 두 사람이 부부가 되어 평생을 사는 것은 결코 쉬운 일이 아닙니다. 여기에는 엄청난 희생과 노력이 필요합니다. 이것은 상대방을 위해 자신을 죽이는 태도를 갖지 않으면 불가능한 것입니다. 그러므로 언약 결혼을 한 부부는 이러한 경험을 통해 우리를 향한 하나님의 마음과 사랑을 깨닫습니다.

요즘 갑과 을의 관계라는 말을 많이 쓰는데 인간에 비하면 하나님은 갑입니다. 그것도 보통 갑이 아니고 슈퍼갑입니다. '초슈퍼갑'이라고 할 수 있겠지요. 그런 하나님이 인간과 언약 관계를 맺으셨습니다. 그리고 인간이 하나님과의 약속을 어기

고 죄에 빠졌을 때 하나님께서는 그 언약을 깨뜨린 인간을 심판하기보다는 그 언약을 지키기 위해 일방적으로 피를 흘려 주셨습니다. 이것이 바로 예수님께서 십자가를 지신 사건입니다.

최후의 만찬에서 예수님께서 하신 말씀을 보면 그것을 알 수 있습니다. "저녁 먹은 후에 잔도 그와 같이 하여 이르시되 이 잔은 내 피로 세우는 새 언약이니 곧 너희를 위하여 붓는 것이라.누가복음 22장 20절 이 얼마나 큰 은혜요, 자비입니까? 하나님과 엄숙한 언약을 맺은 인간이 하나님을 배신했습니다. 그러므로 하나님께서 인간에게서 핏값을 찾으셔도 인간은 할 말이 없습니다. 그러나 하나님께서는 인간에게서 핏값을 찾지 않으시고 친히 스스로 피를 흘려 그 언약을 새롭게 갱신하셨습니다. 그것이 바로 새 언약이고 예수님께서 십자가 위에서 하신 일입니다.

그러므로 언약을 바탕으로 결혼한 부부라면 자기중심적인 삶에서 벗어나야 합니다. 비록 결혼 전에는 '나를 기쁘게 해 줄 사람'을 찾았다 하더라도 이제 결혼한 후에는 '내가 찾은 그 사람을 기쁘게 해 주기 위해 나 자신을 헌신하는 태도'가 필요합니다. 이것이 언약 결혼에 포함되어 있는 의미입니다. 그러므로 결혼한 사람은 최선을 다해 배우자를 행복하게 해 줄 의무가 있습니다. 즉 언약 결혼은 나의 행복이 아닌 배우자의 행복을 위해 나의 삶을 바치는 행위가 포함되어 있는 것입니다.

이를 위해 언약과 계약의 차이를 분명하게 알 필요가 있습니다. 언약은 법적인 계약과는 다른 것입니다. 우리는 일상생활에서 계약을 맺는 경우가 있습니다. 건물을 사거나 집을 얻을 때도 계약을 맺습니다. 그런데 이 계약은 법과 규칙입니다. 그러므로 계약은 어기기 전까지만 유효합니다. 그러나 언약은 관계입니다. 그러므로 영구적인 효력이 있습니다.

오늘날 많은 사람들이 결혼을 계약과 같은 개념으로 생각합니다. 그러나 결혼은 언약입니다. 웜비디 위카사는 계약과 언약의 차이를 다음과 같이 정의해 놓았습니다. "계약은 상대방을 의심하는 가운데 맺어진 동의의 표시이다. 계약 당사자들은 상대방을 신뢰하지 않으며 각자의 책임을 최소화하는 데 주력한다. 이에 반해 언약은 상대방을 신뢰하는 가운데 이루어진 동의이다. 언약의 당사자들은 서로 사랑하며 각자의 책임을 최대화한다."[10]

계약 결혼을 한 사람은 받는 것에 초점이 맞추어져 있습니다. 이렇게 되면 상대방이 나에게 무엇을 해 줄 수 있는지만 신경을 쓰게 됩니다. 그리고 자신이 원하는 것을 받지 못했을 때 원망과 불평이 나옵니다. 그러나 언약 결혼을 하면 상대방을 위해 자신을 내어 주는 데 관심이 있습니다. 그렇기 때문에 자연히 상대방을 어떻게 하면 더 잘 섬길 수 있을까를 생각하게 됩니다.

하나님은 인간의 연약함을 아십니다. 하나님께서는 아무리 뜨겁게 사랑하는 부부라도 애정과 열정이 식을 수 있다는 것을 아십니다. 그래서 하나님은 결혼의 기초를 인간의 조건으로 한 계약이 아니라 하나님의 사랑과 신실함에 근거한 언약에 두도록 하셨습니다.

결혼 언약이 무엇인지를 보여 주는 감동적인 이야기가 있습니다. 한 남자의 아내가 알츠하이머병에 걸려서 요양원에 입원했습니다. 그는 날마다 아내에게 방문하여 시간을 함께 보냈습니다. 아내의 머리를 빗겨 주기도 하고 사랑한다고 말하면서 뺨에 키스를 해 주기도 했습니다. 그는 며칠이 아니라 몇 주, 몇 달, 몇 년 동안 계속적으로 아내를 찾아왔습니다.

어느 날 간호사들은 남편에게 아내에 대한 지극한 사랑에 감동받았다고 이야기했습니다. 그러나 동시에 그들은 자신들이 생각하기에 이제 더 이상 올 필요가 없을 거 같다는 말도 전했습니다. 그 이유는 아내가 남편을 전혀 알아보지 못했기 때문입니다. 아내는 남편이 누구인지도 모르고 그가 왔다 갔다는 사실조차 기억하지 못한다고 했습니다. 그렇기 때문에 이렇게 매일 찾아와야 한다는 부담감을 느끼지 않아도 된다고 이야기해 주었습니다.

묵묵히 이 말을 듣던 남편은 눈물을 흘렸습니다. 그는 떨리는 음성으로 말했습니다. "저도 제 아내가 저를 몰라본다는 사실을 알고 있습니다. 그러나 중요한 것은 저는 그녀가 누구인지를 알고 있다는 사실입니다. 저는 50년 전에 제 아내에게 결코 그녀를 버리지 않으며 병들었을 때나 건강할 때나 항상 함께하겠다고 서약했습니다."[11]

이것이 바로 언약 결혼이 무엇인지를 보여 주는 예입니다.

성경에 언약 결혼의 아름다운 모형이 잘 나타나 있는데 그것이 바로 호세아서입니다. 호세아와 그의 아내 고멜과의 관계는 하나님과 이스라엘 백성과의 관계를 잘 보여 줍니다. 호세아는 그를 배신하고 타락한 아내 고멜을 계속 사랑하도록 명령받습니다. 이것을 통해 하나님은 죄 가운데 빠진 우리를 포기하지 않고 계속 사랑하신다는 것을 보여 주십니다.

하나님께서 그렇게 하시는 이유는 그분 자신의 자비하심과 언약 사상에 기초한 사랑 때문입니다. 그러므로 하나님께서 우리를 포기하시지 않는 것처럼 언약적 관점으로 결혼한 부부도 상대방의 부족함에도 불구하고 끝까지 포기하지 않는 사랑을 보여 주어야 합니다.

우리가 알아야 할 사실은 하나님께서는 단순히 결혼을 행복

추구의 장으로 활용하기 위해서만 만들어 놓지 않았다는 사실입니다. 오히려 하나님께서는 결혼을 통해 죄인인 우리가 서로 깎아지고 다듬어져서 주님의 형상을 닮아 갈 수 있도록 만들어 놓으셨습니다. 따라서 가장 성공적인 결혼생활의 전제 조건은 한번 결혼을 했으면 헤어지지 않고 끝까지 가는 것입니다.

이에 관하여 재미있는 통계가 있습니다. 불행한 결혼생활을 하고 있는 부부라고 하더라도 자식을 위해 끝까지 가정을 지키고 살다 보면 몇 년 후에는 행복한 결혼생활을 하고 있는 자신의 모습을 발견할 가능성이 높다는 것입니다. 딘 마틴(Dean Martin)이라는 사람이 조사한 연구에 따르면 "당신은 좋은 남편을 만났다고 생각하십니까?"라는 질문에 대한 아내의 반응은 다음과 같았습니다. 결혼 1년차 아내는 98퍼센트가 '그렇다'고 대답했습니다. 결혼 2년차 아내는 1년차 아내보다 낮아져 56퍼센트가 '그렇다'고 대답했습니다. 결혼 20년차 아내는 확 낮아져 6퍼센트가 '그렇다'고 대답했습니다. 결혼 30년차 아내는 95퍼센트가 '그렇다'고 대답했습니다.[12]

이러한 통계를 보면 부부간에 서로를 깊이 이해하고 상대방을 귀하게 생각하기까지는 시간이 많이 걸린다는 사실을 알 수 있습니다. 따라서 결혼을 하고 20년이 되지 않은 부부가 헤어지고자 하는 것은 조급한 결정이라는 사실을 알아야 합니다.

이를 통해 지금 당장은 힘들게 느껴져도 끝까지 가정을 잘 지키려고 노력하는 것이 필요하다는 사실을 알 수 있습니다. 그러면 언약 결혼의 당사자이신 하나님께서 그 가정을 축복하시고 부부의 사랑을 다시금 회복시켜 주실 것입니다.

오늘날 젊은이들은 결혼에 대해 관심이 많습니다. 그런데 우리가 반드시 기억해야 할 것이 있습니다. 결혼하는 것보다 더 중요한 것은 결혼할 수 있는 사람이 되는 것이라는 사실입니다. 다시 말하면 언약에 충실할 수 있는 책임감 있는 성인, 자신이 하나님과 사람 앞에서 한 약속을 생명 걸고 지킬 수 있는 책임감 있는 인격이 되었을 때 진정으로 결혼할 자격이 주어진다는 것입니다.

"사람은 먼저 사랑을 선택해야 하고,
그다음에는 그 선택을 사랑해야 한다."

_헨리 스미드

2006년 4월 8일 조선일보에 특별한 기사 하나가 실려 많은 사람들에게 감동을 준 적이 있습니다. 기사 제목은 "4.5톤 트럭 안의 부부"였습니다. 이 기사의 주인공은 심원섭, 이은자 씨 부부입니다. 심원섭 씨는 렌터카 운전, 택시 운전, 버스 운전 등 안 해 본 운전이 없는 경력 35년의 베테랑 운전사입니다.

그런데 이러한 심 씨가 1995년 뇌졸중으로 쓰러졌습니다. 그리고 그 병이 나아질 무렵 심장병으로 다시 여섯 차례 수술을 받았는데, 거기에다 신장병까지 생겼습니다.

심 씨는 이제 신장 투석을 하지 않으면 살 수 없는 몸이 되었습니다. 하루에 네 번씩 때와 장소를 가리지 않고 투석을 하지 않으면 살 수 없게 된 것입니다. 당장 생계가 막막한 상황이 되자 심 씨의 부인 이은자 씨는 남편을 대신하여 운전대를 잡았습니다.

처음에 이 씨는 남편의 운전석 옆에서 남편의 수발을 들었습니다. 그러다가 2004년에는 아예 운전을 배웠습니다. 몸이 아픈 남편과 교대로 운전하기 위해서였습니다. 좁고 복잡한 시내는 남편 심 씨가, 고속도로 같은 쉬운 길은 아내 이 씨가 운전했습니다. 남편은 시속 100킬로미터 트럭 속에서 하루에 네 번 투석을 하고는 곯아떨어졌습니다.

이 씨는 남편과 함께 화물 트럭을 몰면서 일주일에 세 번씩 서울과 부산을 왕복합니다. 수도권 지역 공단에서 짐을 받아 부산 지역에 내려놓고, 부산에서 짐을 받아 서울로 가져오는 일을 반복하는 것입니다. 낮에는 지방에서 전날 밤 싣고 온 짐을 안산 반월공단을 돌며 내려놓고, 해 질 녘이 되면 지방으로 가져갈 물건을 싣고 새벽 4시에 출발합니다. 새벽 6시 전에 톨게이트를 통과해야만 통행료를 50퍼센트 할인받을 수 있기 때문입니다. 이 기사에 나온 글 한 부분을 그대로 옮겨 봅니다.

"라면으로 허기를 달랜 부부가 다시 트럭을 몬다. 새벽 2시쯤 경부고속도로 칠곡 휴게소에 도착했다. 휴게소 한쪽에 차를 주차시킨 뒤 남편이 운전석 뒤편 남은 공간에 전기장판을 깔고 눕는다. 아내는 운전석에 나무합판을 간 뒤 잠을 청한다. 뒤쪽 공간이 조금 더 따뜻하고 편하긴 하지만 한 사람이 누워도 몸을 뒤척일 수 없을 만큼 좁다. '이렇게라도 함께 잘 수 있어 좋습니다. 꼭 신혼 단칸방 같지 않나요?' 남편 심 씨가 애써 웃는다."[13]

인터넷에 이 기사가 올라온 뒤 네티즌들의 반응은 그야말로 폭발적이었습니다. 네티즌들은 조선일보 인터넷판과 다음, 네이버 등을 비롯한 포털사이트에 5,000여 개의 댓글을 달며 이들

부부의 사랑에 관심을 보였습니다. 또한 이 부부를 도와주고 싶다는 사람들의 온정이 줄을 이었으며, 이 부부를 취재하고 싶다는 잡지사와 방송국이 40개가 넘었습니다. 그러나 이 부부는 모든 도움의 손길과 인터뷰를 사양하고, 그저 지금처럼 열심히 사랑하며 일하면서 살겠다고 대답했다고 합니다.

6장

청년과 청지기 의식

내 것이 아니라
하나님의 것이다

내 것이 아니다.
다 하나님의 것이다.
하나님은 무엇을 요구하시는가?
전부!

_어윈 루처

1. 소유 의식을 버려라

미국이 낳은 세계적인 석학으로 제러미 리프킨(Jeremy Rifkin) 교수가 있습니다. 이분은 저명한 문화비평가이며, 미래학자로서 자신의 저서를 통해 미래 사회의 변화와 동향을 예측해 왔습니다. 그가 쓴 책 중에 『소유의 종말』(민음사, 2001)이 있습니다. 영어 제목으로는 *The Age of Access*(접속의 시대)입니다.

그는 이 책에서, 오늘날과 같은 지식정보 사회에서는 인간이 물건을 소유하고 자기 것으로 주장할 수 있는 시대는 가고 접속(access)의 시대가 왔다고 주장합니다. 접속은 영구적으로 소유하는 것이 아니라 일시적으로 잠시 사용하는 권리입니다.[1]

과거에는 물건을 만들어 파는 형태로 경제활동이 이루어졌습니다. 물건을 산 사람은 그 물건을 영구적으로 소유했습니다. 그러나 오늘날은 변화와 혁신이 빠르게 이루어지는 시대이기 때문에 오늘 내가 소유한 물품이 내일은 구닥다리가 될 수 있습니다. 이러한 시대에는 사람들이 구태여 많은 값을 주고 물건을 소유하려 하기보다는 그때그때 적당한 값을 치르고 빌려 쓰고자 합니다.

소유(Ownership) 방식에서 접근(Access) 방식으로의 변화는 디지털 시장에서 더욱 두드러집니다. 오늘날 사람들은 자신이 원하는 콘텐츠를 직접 소유하지 않고도 즐길 수 있습니다. 이른바 스트리밍(streaming) 서비스가 바로 그것입니다. 스트리밍이란 전송되는 데이터가 마치 끊임없이 물이 흐르는 것처럼 처리된다는 의미에서 붙은 명칭입니다.[2]

이런 시스템을 통해 소비자들은 음악이나 드라마 혹은 영화 등을 스마트폰에 내려받거나 소유하지 않고도 언제나 실시간으로 마음껏 감상할 수 있습니다. 가히 혁명적인 발상이 아닐 수 없습니다. 이 모든 것은 현대인들의 사고 방식이 점차 소유의 개념에서 빌려 쓰는 개념으로 바뀌어 가고 있음을 의미합니다.

그런데 재미있는 것은, 성경에서는 우리 인생이 이와 같다고 강조한다는 사실입니다. 성경은 하나님께서 모든 만물의 소유주이시고, 우리는 단지 그분이 맡기신 것을 잠시 빌려 쓰고 관리하는 사람에 불과하다는 사실을 이야기합니다.

성경은 이 부분에 대해 분명히 말합니다. "이는 만물이 주에게서 나오고 주로 말미암고 주에게로 돌아감이라 그에게 영광이 세세에 있을지어다 아멘."로마서 11장 36절 여러분도 여기에 "아멘" 하십니까? 여기에 "아멘." 하는 것이 바로 믿음의 고백입니다. 하나님께서 내 삶의, 내 가정의, 내 인생의 주인이심을 인정하는 것이 바로 믿음입니다.

이것을 확실히 알았던 사람이 욥이었습니다. 그는 남달리 많은 재산과 물질을 소유하고 누렸던 사람이었습니다. 그러나 사탄의 시험으로 인해 그 모든 것을 다 잃어버렸을 때 그는 다음과 같이 고백했습니다.

"욥이 일어나 겉옷을 찢고 머리털을 밀고 땅에 엎드려 예배하며 이르되 내가 모태에서 알몸으로 나왔사온즉 또한 알몸이 그리로 돌아가올지라 주신 이도 여호와시요 거두신 이도 여호와시오니 여호와의 이름이 찬송을 받으실지니이다 하고 이 모든 일에 욥이 범죄하지 아니하고 하나님을 향하여 원망하지 아니하니라."욥기 1장 20-22절

참으로 대단한 신앙과 믿음이라고 할 수 있습니다. 욥의 이 신앙의 바탕에는 자신이 소유한 모든 것은 하나님의 것이라는

믿음이 깔려 있습니다. 하나님께서는 자신이 가진 모든 것의 원 소유주이시고 자신은 잠시 그것을 받아 누렸던 것이라는 사실을 그는 기억합니다. 그러므로 욥은 그 모든 것을 다 잃어버리고도 시험에 들지 않았습니다.

오늘날 이 세상의 소유에 관한 철학은 크게 두 가지로 나뉩니다. 바로 자본주의와 공산주의입니다. 자본주의는 세상의 모든 부는 노동이나 지식을 동원하여 그것을 모은 사람의 것이기 때문에 어떤 한 사람이 소유하고 있는 것은 모두 자신의 것이라고 생각합니다. 반면 공산주의는 세상의 부는 개인에게 속해 있지 않으며 그것은 국가의 소유라고 주장합니다. 문제는 이 두 가지 사상이 모두 죄와 전쟁 그리고 불의와 폭력과 압제의 문제를 해결하지 못했다는 사실입니다.[3]

성경은 우리의 모든 소유가 하나님의 것이라는 사실을 말합니다. 우리는 모두 하나님의 것을 관리하는 청지기라는 사실을 강조합니다. 청지기란 말이 어려우면 오늘날 용어로 '관리자'라는 말을 사용하면 이해가 쉽습니다. 우리는 이 땅에서 하나님께서 맡기신 것을 관리하는 사람입니다. 그러므로 청년들은 자신이 가진 모든 것의 궁극적 주인이 자신이 아니고 하나님이라는 사실을 기억해야 합니다. 다음의 성경 말씀을 보십시오.

"그런즉 누구든지 사람을 자랑하지 말라 만물이 다 너희 것임이라 바울이나 아볼로나 게바나 세계나 생명이나 사망이나 지금 것이나 장래 것이나 다 너희의 것이요 너희는 그리스도의 것이요 그리스도는 하나님의 것이니라." 고린도전서 3장 21-23절

성경은 우리에게 이 세상에 주눅들지 말라고 말합니다. "만물이 다 우리의 것이라고 선언합니다." 즉, 온 세상 만물을 하나님께서 우리에게 다 주셨다는 것입니다. 그러나 그렇다고 그것들이 완전히 우리의 것이라고는 말씀하시지 않습니다. 그것들조차 그리스도의 것이고, 그리스도는 하나님의 것이라는 것입니다. 이것을 기억하고 사는 사람이 지혜로운 사람입니다.

성경에는 여러 곳에 청지기 사상이 나옵니다. 성경에서 가장 먼저 나오는 첫 사람 아담은 에덴동산을 지키는 청지기였습니다. 많은 사람들은 아담이 에덴동산에서 놀고먹은 것으로 아는데 사실은 그렇지 않습니다. 아담은 그저 빈둥거리며 노는 사람이 아니었습니다. 그는 에덴동산을 관리하는 일종의 청지기였습니다. 성경을 보겠습니다. "여호와 하나님이 그 사람을 이끌어 에덴 동산에 두어 그것을 경작하며 지키게 하시고." 창세기 2장 15절

하나님께서는 에덴동산의 관리인으로 아담을 세우신 것입

니다. 그런데 아담은 청지기 역할을 잘하지 못했습니다. 사탄이 들어오는 것을 알아차리지도 못했고, 하나님께서 맡기신 동산을 잘 지키지도 못했습니다. 그 결과 인류에게 불행이 찾아왔습니다. 청지기가 자신의 역할을 잘 감당하지 못할 때 얼마나 잘못된 결과를 가져오는지 아담의 경우를 보면 알 수 있습니다.

그러나 아담과 달리 청지기의 역할을 잘한 사람도 있습니다. 바로 요셉입니다. 요셉은 비록 애굽에 있는 보디발의 집에 노예로 팔려 갔으나 일을 성실하게 함으로써 그 집의 가정 총무로 승격되었습니다. 여기서 가정 총무가 바로 일종의 청지기입니다. 그는 청지기의 일을 성실하게 잘 수행했습니다. 자신의 분수를 잘 알았고 주인을 배신하지도 않았습니다. 안주인인 보디발의 아내가 유혹했을 때도 그는 청지기로서 자신의 위치를 망각하지 않았습니다.

비록 그 사건으로 인해 요셉은 감옥에 갔지만 나중에 하나님께서는 그를 높여서 애굽이라는 한 나라를 다스리는 청지기로 삼으셨습니다. 애굽의 총리가 된 것입니다. 아마 하나님께서는 요셉이 한 집안을 잘 관리하는 것을 보고 한 나라를 맡겨도 될 거라고 생각하신 것 같습니다. 총리가 된 요셉은 그곳에서도 역할을 잘 수행하여 7년 대흉년 기간에도 수많은 사람들을 먹여 살렸습니다. 정말 아름답고 모범적인 청지기의 모습이 아닐 수 없습니다.

오늘날 기독교인들이 지녀야 할 가장 중요한 삶의 모습은 바로 이와 같은 청지기로서의 자세입니다. 우리는 자신의 인생의 주인이 자신이 아닌 하나님임을 인정하고 창조주 하나님께서 각자에게 맡기신 사명을 책임감 있게 잘 감당하여 하나님께 영광돌리는 삶을 살아야 합니다.

2. 무엇에 대한 청지기가 되어야 하는가?

그리스도인이 청지기 의식을 가져야 하는 이유는 나중에 하나님께서 각 사람이 한 모든 일에 대해 결산하실 것이기 때문입니다. 즉, 하나님께서 맡기신 그 모든 것을 어떻게 관리했는가 하는 것을 물으실 것이기 때문입니다.

그렇다면 구체적으로 우리는 무엇에 대한 청지기가 되어야 할까요? 여기에 대해서는 여러 가지가 있을 것입니다. 먼저 가정에 대한 청지기가 되어야 합니다. 결혼생활에 충실하고 자녀를 잘 다스려야 합니다. 그리고 교회에 대한 청지기가 되어야 하고, 섬기는 교회에서도 충성을 다해야 합니다. 또한 하나님께서 맡기신 자연만물에 대한 청지기가 되어야 합니다. 자연을 잘 관리하고 환경 문제에 관심을 가져야 합니다. 그 외 개인적인 부분으로서 다음과 같은 네 가지 부분에서의 청지기직이 중요합니다.

1) 시간에 대한 청지기

먼저 시간에 대한 청지기가 되어야 합니다. 벤자민 프랭클린(Benjamin Franklin)은 "시간은 인생이 만들어지는 재료다."라는 말을 했습니다. 그렇습니다. 결국 인생은 자신에게 주어진 시간을 어떻게 활용하는가에 따라 결정됩니다. 충성된 청지기로서 우리는 시간을 현명하게 사용함으로 하나님께 영광을 돌려야 할 책임이 있습니다. 하나님께서는 마지막 날에 시간을 어떻게 사용했는지를 결산하실 것이기 때문입니다.

시간에 있어서 먼저 가장 중요한 것은 시간을 낭비하지 않는 것입니다. 세네카(Lucius Annaeus Seneca)는 이런 말을 했습니다. "인간은 항상 시간이 모자란다고 불평을 하면서 마치 시간이 무한정 있는 것처럼 행동한다."[4]

그렇습니다. 많은 사람들이 "시간이 없다, 바쁘다." 하고 말하면서도 얼마나 많은 시간을 무의미하게 낭비하는지 모릅니다.

미국의 통계 조사 기관인 넬슨사는 미국인의 하루 평균 텔레비전 시청 시간이 6.5시간이라는 조사 결과를 발표했습니다. 이 수치를 미국인의 평균 수명에 대입하면 11년을 텔레비전 앞에 앉아서 보낸다는 말이 됩니다.[5] 그러므로 우리는 "언제나 당신의 끝이 있음을 기억하라. 그리고 잃어버린 시간은 돌아오지 않는다는 사실도."라고 말한 토마스 아 켐피스(Tomas a kempis)의 말을 기억해야 합니다.

똑같은 시간이 주어져도 그 시간을 어떻게 활용하는가에 따라 그 결과는 완전히 달라질 수 있습니다. 월남전에서 포로가 된 미군들에 관한 이야기가 있습니다. 이들은 포로수용소에서 오랫동안 외롭고 힘든 시간들을 보냈는데, 나중에 이들이 풀려난 후 보니까 그중 몇몇 사람은 갇혀 있었던 그 시간들을 아주 잘 활용했다는 사실을 알 수 있었습니다.

포로들 가운데 기타나 피아노를 잘 치던 이들은 긴 막대기에 줄을 달거나 나무판자에 건반을 그려 동료들에게 악기 연습을 시켜 몇 년 뒤에 그들을 아주 훌륭한 연주자로 만들었습니다. 어떤 포로는 매일 팔굽혀펴기를 연습했는데 석방된 후 미국에 돌아와 한 번에 4,500번의 팔굽혀펴기를 해서 세계 신기록을 세우기도 했습니다. 공군대령 조지 홀 같은 사람은 매일 나뭇가지로 골프 스윙을 연습했는데 석방되어 미국으로 돌아온 후

일주일 만에 뉴올리언스 골프 토너먼트에 출전하여 우승하기도 했습니다.[6]

알렉산드르 솔제니친(Alexander Solzhenitsun)의 경우도 시간 활용을 아주 잘한 경우입니다. 솔제니친은 스탈린을 모욕하는 말을 편지에 썼다는 이유로 징역을 선고받아 시베리아의 한 수용소로 유배를 가게 되었습니다. 그곳에서 몇 년의 세월이 흐른 뒤에 어느 날 문득 솔제니친은 글을 써야겠다는 생각이 들었습니다. 그의 머릿속에 불현듯 글과 이미지가 줄지어 떠오르기 시작했기 때문입니다.

그런데 문제는 그곳에는 글을 쓸 수 있는 종이가 없었고, 잘못하다가는 그가 쓴 글들이 문제가 될 수도 있었습니다. 그래서 그는 자신의 머리에 떠오른 문장들을 암송하기 시작했습니다. 50개나 100개 단위로 글을 암송해서 그것을 수차례 반복하며 외웠습니다. 줄을 서거나, 작업장으로 행진하거나 이런저런 일로 차례를 기다려야 할 때마다 그는 계속적으로 중얼거리며 자신이 구상한 글들을 암송했습니다. 그리하여 마침내 그가 형기를 마칠 무렵에는 차곡차곡 외워 놓은 구절이 무려 1만 2천 행에 이르렀다고 합니다.[7]

물론 석방되자마자 그는 미친 듯이 자신이 암송해 놓은 글들을 종이에 옮겨 적었습니다. 이렇게 해서 나온 글이 바로 그의 유명한 수작 *Odin Den' Ivana Denisovicha*(이반 데니소비치의 하루)라는 작품입니다. 결국 그는 나중에 노벨 문학상을 받는 위대한 작가가 되었습니다.

무료하고 답답한 시간이라도 시간을 잘 활용하면 이렇게 놀라운 결과를 만들어 낼 수 있습니다. 그러므로 우리는 시간의 청지기로서 매일매일 자신이 시간을 어떻게 활용하며 보내는지를 체크해야 합니다. 성경은 "그런즉 너희가 어떻게 행할지를 자세히 주의하여 지혜 없는 자 같이 하지 말고 오직 지혜 있는 자 같이 하여 세월을 아끼라 때가 악하니라." ^{에베소서 5장 15-16절} 고 말씀합니다.

때가 악하고 죄악이 관영할수록 시간은 무의미하고 쓸데없는 일에 낭비될 때가 많습니다. 그러므로 우리는 각자의 시간을 하나님께서 주신 가능성을 계발하고, 다른 사람을 도우며, 주님의 일을 하기 위해 사용해야 합니다.

특히 젊을 때는 시간의 소중함을 잊고 살기 쉽습니다. 상대적으로 시간이 많고 살아갈 날이 많기 때문에 시간의 중요성을 모르고 흥청망청 사용하기 쉽습니다. 그러나 이러한 모습은 하나님의 청지기로서 올바른 삶의 자세가 아닙니다. 리처드 백스터(Richard Baxter)는 "하나님의 뜻을 좇지 않고 마음대로 시간을 보낸 자는 심판 때 그에 대해 심문당할 것이다."라는 말을 했습니다. 우리는 시간 사용에 있어서 경각심을 가져야 합니다.

특별히 아직 예수님을 만나지 못했고 구원받지 못한 사람이 있다면 하나님께서 주신 시간을 구원을 얻는 기회로 사용해야 합니다. 이것을 유식한 표현으로 '시간을 속량'(Redeeming the time)한다고 표현할 수 있습니다. 성경 말씀 가운데 "세월을 아끼라 때가 악하니라."에베소서 5장 16절라는 말을 영어로 보면 "Redeeming the time, because the days are evil"(KJV)이라고 되어 있습니다.

이 말은 시간을 사라는 말입니다. 우리에게 주어진 생명의 시간에 구원의 기회를 붙잡으라는 말입니다. 이 말의 의미를 이해하기 위해서는 고대 노예가 어떻게 스스로 자신을 노예의 삶에서 벗어나게 했는지 이해해야 합니다. 당시 노예들은 자유가 없는 존재였습니다.

그런데 그들이 자유를 얻을 수 있는 방법이 있었습니다. 그것은 돈을 주고 자신의 몸값을 치르는 것입니다. 그런데 문제는 그들은 물질에 대한 소유권이 없었다는 것입니다. 그래서 그들은 주인에게 충성함으로써 얻은 돈을 조금씩 신전에 맡겼다가 액수가 어느 정도 차면 자신의 몸값을 치르고 자유하게 될 수 있었습니다.

성경에 나오는 "세월을 아끼라."는 말은 단순히 시간을 절약하는 삶을 살라는 정도의 의미가 아닙니다. 이 말의 원뜻은 내가 자유할 수 있는 구원의 시간, 즉 나의 생명으로 허락된 시간 안에 영원한 지옥의 형벌을 받을 운명으로부터 나 자신을 건져 내야 한다는 것을 의미합니다. 이것을 해 내는 것이 바로 '시간을 속량하는'(Redeeming the time) 것입니다.

하나님께서는 모두에게 하루 24시간이라는 시간을 주셨고 그 시간을 지혜롭게 활용하기를 원하십니다. 그러므로 우리는 그 시간을 이 땅에서의 삶을 풍요롭게 하고 하나님께 영광을 돌리는 데 사용할 뿐만 아니라 다음 세상에서 영원한 삶을 살기 위해 자신을 준비하는 데 사용해야 합니다.

2) 물질에 대한 청지기

다음으로 물질에 대한 청지기 정신을 잊지 말아야 합니다. 사람들은 물질에 대한 소유욕과 집착이 강합니다. 그 이유는 물질은 자신이 애를 쓰고 수고하여 벌어들였다고 생각하기 때문입니다. 그래서 물질의 주인이 자신이라고 생각하는 경향이 있습니다.

그러나 모든 물질은 하나님의 것입니다. 학개서에 이런 말씀이 있습니다. "은도 내 것이요 금도 내 것이니라 만군의 여호와의 말이니라."^{학개 2장 8절} 여러분이 지금 소유하고 있는 물질 그리고 앞으로 얻게 될 모든 물질은 원래 하나님께 속해 있지만 하나님의 은혜로 주어진 것입니다. 그러므로 우리는 이 물질을 하나님의 영광을 위해 사용해야 할 의무가 있습니다. 왜냐하면 하나님 앞에 설 때 이것을 어떻게 사용했는지를 결산해야 하기 때문입니다.

그렇게 볼 때 물질이 적은 사람보다 물질이 많은 사람이 더 큰 의무와 책임이 있습니다. 하나님께서 주신 그 많은 물질을 어디에 썼는지 낱낱이 보고해야 하기 때문입니다. 그러므로 우리는 물질에 대한 청지기 의식을 늘 갖고 살아야 합니다.

유명한 골프 선수 중에 최경주 선수가 있습니다. 그는 언제나 신앙을 우선으로 하는 독실한 크리스천입니다. 그의 간증을 실은 어떤 전도지를 보았는데 그의 말 중에 감동을 주는 부분이 있어 옮겨 봅니다. 물질의 청지기로서 자신의 사명에 대해 언급하는 부분입니다.

"미국 진출 후에 저희 부부가 가슴에 품고 있는 꿈이 있습니다. 그것은 바로 북한에 교회를 세우는 것과 제대로 된 고아원을 설립하는 일입니다. 신앙인이 된 후 돈에 대해 별다른 욕심이 없어졌습니다. 얼마를 벌든 그것은 내 돈이 아니라 하나님의 돈이기 때문입니다. 그래서 1997년부터는 버디샷을 기록할 때마다 적립되는 성금으로 결손가정 아이들을 후원하고 있습니다."

이 얼마나 아름다운 삶의 모습입니까? 그는 자신이 버는 모든 돈이 자신의 것이 아님을 고백합니다. 하나님께서 도와주시지 않으면 자신이 그런 자리에 오를 수 없음을 알고 있기 때문입니다. 같은 골프 선수이지만 돈이 많이 있고 명예가 있다고 그것을 죄 짓는 데 사용한 타이거 우즈와 얼마나 큰 차이가 있습니까?

우리는 물질의 청지기임을 늘 기억해야 합니다. 마르틴 루터는 이런 말을 했습니다. "내 손에 많은 것들이 있었으나 전부 잃었다. 그러나 무엇이든 하나님의 손에 놓아 드린 것은 여전히 내게 있다."[8]

내게 주어진 물질도 언젠가는 내가 이 땅을 떠나갈 때 다 내려놓고 가야 할 것들입니다. 통장에 수백억, 수천억이 있어도 나는 한 푼도 가져가지 못합니다. 그러나 하나님을 위해 쓴 것들은 다 기억될 것입니다. 그러므로 여러분은 물질에 있어서도 충성된 청지기가 되어야 합니다.

3) 몸에 대한 청지기
우리 몸이 하나님께로부터 받은 소중한 선물임을 기억하며,

몸과 건강에 대한 청지기 정신을 갖는 것이 중요합니다. 오늘날 많은 사람들이 자신의 몸을 자신의 것으로 착각하고 함부로 사용합니다. 특별히 청년의 때에는 과도한 음주나 무리한 흡연 그리고 방탕한 생활로 자신의 몸을 망가뜨리기 쉽습니다. 그러나 성경은 다음과 같이 말합니다.

"너희 몸은 너희가 하나님께로부터 받은 바 너희 가운데 계신 성령의 전인 줄을 알지 못하느냐 너희는 너희의 것이 아니라 값으로 산 것이 되었으니 그런즉 너희 몸으로 하나님께 영광을 돌리라."고린도전서 6장 19-20절

우리 몸은 하나님의 성령이 거하시는 성전입니다. 그러므로 늘 거룩하게 관리하는 것이 중요합니다. 주님께서 맡기신 일을 잘 감당할 수 있도록 최상의 컨디션을 유지해야 합니다. 특히 건강을 잘 유지하기 위해 먹는 것을 주의해야 합니다. 미국의 유명한 영양학자 아델 데이비드(Adele Davis)는 "많은 사람들이 나이프와 포크로 제 무덤을 파고 있다."고 말했습니다.[9]

잘못된 식습관으로 인해 죽음의 길로 달려가는 사람들이 너무나 많다는 것입니다.

어떤 사람들은 "어차피 모두가 죽을 몸인데 건강에 뭐 그렇게 신경을 쓰나요?"라고 말합니다. 그러나 그렇지가 않습니다. 우리가 건강에 신경 쓰는 것은 그저 오래 살려고 그러는 것

이 아닙니다. 건강하게 살려고 그러는 것입니다. 건강이 잘못되면 효과적으로 주의 일을 할 수 없기 때문입니다. 식생활 습관을 조금만 바꾸어도 건강에 큰 도움이 됩니다.

브라이언 러셀(Brian Russell) 목사님은 자신의 책『선한 청지기로 살아가라』(디모데, 2009)에서 본인의 경험담을 이야기합니다. 러셀 목사님은 목회 사역 초기에 우울증으로 고생을 많이 하셨다고 합니다. 낮에는 정신적으로 피곤했고, 밤에는 잠을 이룰 수가 없었다고 합니다. 여러 신경 안정제를 먹었지만 소용이 없었고, 마침내 목사직을 사임해야 하는 지경까지 이르렀다고 합니다.

그러다가 어느 날, 그의 아내가 잡지 기사를 보고 자신의 남편에게 카페인 과다 복용과 칼슘 부족의 문제가 있다는 것을 알아냈습니다. 아내의 조언을 들은 러셀 목사님은 하루에 한 병씩 먹던 2리터 코카콜라를 끊었습니다. 그러자 몸이 다시 회복되어서 그 이후 25년 동안 건강한 상태로 목회를 할 수 있었다고 합니다.[10] 이처럼 약간의 식습관의 개선이 가져오는 결과는 정말 놀랍습니다.

성경은 그리스도인들이 죄 짓는 데 자신의 몸을 사용하면 안 되고, 하나님께서 쓰실 수 있는 도구로 사용되도록 준비해야 한다고 말합니다. "또한 너희 지체를 불의의 무기로 죄에게 내

주지 말고 오직 너희 자신을 죽은 자 가운데서 다시 살아난 자 같이 하나님께 드리며 너희 지체를 의의 무기로 하나님께 드리라."로마서 6장 13절

여러분이 자신의 몸을 죄를 짓는 데 사용하기를 멈추면 하나님은 불의의 무기로 쓰였던 우리 몸을 다시금 하나님의 영광을 위한 의의 도구로 사용하실 것입니다.

제 경험을 이야기해 보자면, 대학교 1학년 2학기 때 학과 축제에 갔다가 무대에서 사회 보는 사람을 보고 정말 멋있다는 생각이 들어 그때부터 동문회나 학과축제의 사회를 보는 아르바이트를 했습니다. 양복을 입고 사회를 보러 가서 맛있는 음식도 얻어먹고 수고비까지 받아 왔으니 나름대로 꽤 괜찮은 아르바이트였습니다.

그런데 예수님을 믿고 난 뒤 어느 날 저는 성경에서 충격적인 구절을 읽게 되었습니다. "내가 너희에게 이르노니 사람이 무슨 무익한 말을 하든지 심판 날에 이에 대하여 심문을 받으리니."마태복음 12장 36절 이 구절을 보고 나니 더 이상 축제 때 사회 보는 것이 마음에 내키지 않았습니다. 왜냐하면 사회를 보는 중에 분위기를 띄우기 위해 수준 낮은 농담도 해야 했기 때문입니다.

그래서 어느 날 마음 먹고 다시는 사회를 보지 않겠다고 하

나님께 기도했습니다. 그런데 신기하게도 그때부터 한 달에 한 두 번씩 사회를 봐 달라고 오던 전화가 지금까지 단 한 번도 오지 않았습니다. 그리고 제 입술을 하나님의 영광을 위해 내놓았더니 하나님께서는 그 입술을 복음을 전하는 설교자로, 교수로, 또 집회나 특강 강사로 사용해 주셨습니다. 양복을 입고 마이크를 잡는 것은 축제 때 사회 보는 것과 비슷하지만 전혀 다른 일들을 하게 하신 것입니다.

그리스도인들은 자신의 몸을 어떤 일에 사용할 것인지에 대해 진지하게 생각해 보아야 합니다. 왜냐하면 우리가 죽고 나서 그다음 세상에서 받을 상급이나 심판이 몸으로 한 일에 따라 결정되기 때문입니다. "이는 우리가 다 반드시 그리스도의 심판대 앞에 나타나게 되어 각각 선악간에 그 몸으로 행한 것을 따라 받으려 함이라." 고린도후서 5장 10절 여러분이 몸으로 한 것에 따라 상벌이 결정됩니다. 그러므로 자신의 몸을 하나님을 위해 잘 사용해야 합니다.

4) 재능에 대한 청지기

자신이 소유한 능력이나 재능에 대한 청지기 직분도 기억해야 합니다. 하나님께서는 각 사람에게 특별한 소질이나 재능을 주셨습니다. 어떤 사람은 음악이나 예술 분야에 재능이 있고,

또 어떤 사람은 기계를 다루는 일이나 손으로 하는 일에 재능
이 있습니다. 또 어떤 사람은 어학이나 문학에 재능이 있기도
하고, 어떤 사람은 사업을 하거나 돈을 버는 데 재능이 있는 경
우도 있습니다.

중요한 것은 어떤 재능을 갖고 있든지 간에 그것은 하나님께
서 주신 것임을 알고 그분께 영광 돌리는 데 사용해야 한다는
점입니다. 성경은 "각각 은사를 받은 대로 하나님의 여러 가지
은혜를 맡은 선한 청지기 같이 서로 봉사하라."_{베드로전서 4장 10절}
고 말합니다. 각 사람이 갖고 있는 은사나 재능은 모두 하나님
의 은혜로 주어진 것이기 때문에 이것을 맡은 사람은 청지기적
인 정신으로 봉사해야 한다는 것입니다.

또한 성경은 올바른 봉사의 자세를 일러 줍니다. "만일 누가
말하려면 하나님의 말씀을 하는 것 같이 하고 누가 봉사하려
면 하나님이 공급하시는 힘으로 하는 것 같이 하라 이는 범사
에 예수 그리스도로 말미암아 하나님이 영광을 받으시게 하려
함이니 그에게 영광과 권능이 세세에 무궁하도록 있느니라 아
멘."_{베드로전서 4장 11절}

비록 자신의 재능으로 하나님의 일을 하되 이 모든 것을 하
나님으로부터 힘을 받아 하는 것이 중요합니다. 그렇지 않으
면 이 모든 것을 자신을 드러내는 일에 사용할 수 있기 때문입

니다. 그렇게 되면 은혜가 되지 않습니다. 성경은 우리가 은사나 재능을 갖고 하는 일들을 통해 하나님께서 영광을 받으셔야 한다고 말씀하고 있습니다. 그러므로 어떤 경우에도 모든 것이 하나님의 전적인 은혜로 이루어진 것임을 인정하는 겸손한 태도를 지녀야 합니다.

3. 청지기 직분의 축복

성경은 청지기직을 제대로 수행하지 않으면 하나님께서 주신 것을 거두어 간다고 말씀합니다. 달란트 비유를 보면 다섯 달란트 받은 자와 두 달란트 받은 자는 칭찬을 받았지만 한 달란트 받은 자는 그것을 제대로 활용하지 못하고 썩혀 두어 주인의 책망을 들었으며, 자신이 갖고 있던 한 달란트마저 빼앗기고 말았습니다. 그러므로 보잘것없어 보이는 일에도 언제나 충성을 다해야 합니다.

사실상 여러분의 재능이나 시간, 물질, 건강 등 하나님께서 맡기신 것은 모두 다 귀한 것입니다. 우리가 이런 것들을 잘 활용하면 하나님께서는 더 큰 일들을 맡겨 주실 것이며, 나중에 하나님 앞에 설 때 "잘하였도다 착하고 충성된 종아."^{마태복음 25장 21절}라고 칭찬해 주실 것입니다.

성경에는 이런 약속이 있습니다. "무슨 일을 하든지 마음을 다하여 주께 하듯 하고 사람에게 하듯 하지 말라 이는 기업의 상을 주께 받을 줄 아나니 너희는 주 그리스도를 섬기느니라." 골로새서 3장 23-24절 우리가 무슨 일을 하든지 간에 주님께 하듯이 청지기 의식을 갖고 최선을 다하면 하나님께서는 나중에 상급을 베푸신다는 말입니다.

매사에 청지기 직분을 잊지 않고 생활하는 사람은 탐욕과 이기심을 버리게 됩니다. 자신에게 있는 모든 것의 주인이 자신이 아니고 하나님임을 인정할 때 헛된 욕심을 따라 살지 않게 됩니다. 아무리 채워도 채워지지 않는 끝없는 욕심의 노예가 되지 아니하고 오히려 자신에게 있는 것을 하나님의 영광을 위해 쓰고자 하는 마음을 품게 됩니다.

이러한 자세로 살아가는 사람을 하나님은 귀하다고 인정해 주시며, 더 많은 것을 맡겨 주십니다. 그리하여 그 사람의 영향력이 점점 더 커지도록 만들어 주실 것입니다. 이러한 것이 청지기직을 성실하게 수행한 사람이 누리는 축복입니다.

청년의 때부터 청지기 의식을 갖는 것은 매우 중요합니다. 우리가 하나님과의 관계에서 반드시 기억해야 할 것은 하나님은 주인이시고, 우리는 그분의 청지기라는 것입니다. 예수님을 '주님'이라고 부르는 것은 그분이 우리의 '주인'이라는 의미입니다. 그러므로 여러분이 소유한 모든 것의 참된 주인은 하나님이라는 사실을 한시도 잊어서는 안 됩니다.

저는 대학교 1학년 때 힘든 삶을 살았습니다. 하나님을 만나기 전이었는데 학교 공부에도 흥미가 없었고, 인생의 의미도 찾지 못해서 방황했습니다. 그러다 보니 성적이 엉망이었고 날마다 술과 담배에 빠져서 의미 없는 일에 인생을 허비하며 살았습니다. 그러다가 하나님을 만나 놀라운 변화를 체험했습니다. 또한 저는 어려서부터 몸이 몹시 약했습니다. 특별히 대학교 2학년 때는 몸이 까닭 없이 많이 아파 죽을 고비도 많이 넘겼습니다. 그러나 하나님을 만난 후에는 그 은혜가 정말 놀라워 어느 날 큰맘 먹고 하나님께 이렇게 기도한 적이 있었습니다.

"하나님, 지금부터 저의 삶은 전부 하나님의 것입니다. 저의 생명과 저의 지식, 저의 모든 것을 하나님을 위해 쓰겠습니다." 이렇게 기도하고 나니 제 마음이 무척 뿌듯했습니다. 제가 가진 모든 것을 하나님께 다 드린다고 생각하니 정말 귀한 일을 했다는 생각도 들고, 하나님께서 무척 기뻐하실 것 같다는 생각도 들었습니다.

그런데 이러한 제 기도에 대한 하나님의 응답이 참으로 놀라웠습니다. 저는 하나님께서 정말 감격하셔서 "정말 대단하다.

정말 고맙다."라고 말씀하실 줄 알았습니다. 그런데 하나님은 다음과 같이 말씀하셨습니다. "그래, 정말 고맙기는 고맙다. 정말 기특한 생각이다. 하지만 한 가지만 물어보자. 지금 네가 바친 것이 언제는 너의 것이었더냐?"

하나님께서 하시고자 하는 말씀은 그것이었습니다. 당시 저 같이 젊은 사람이, 자신의 삶을 하나님께 드리는 것 자체는 참으로 귀한 일이지만 마치 제 것을 선심 쓰듯이 하나님께 드리는 것에 대해서는 하나님이 짚고 넘어가자는 것입니다. 제가 제 삶을 하나님께 드리는 것은 좋지만 제 것을 드린다고 착각하지는 말라는 것입니다.

그 말씀을 듣고 가만히 생각해 보니 제 것은 하나도 없다는 생각이 들었습니다. 제 생명도 하나님의 것이고, 제 건강도 하나님이 주신 것이었습니다. 특별히 몸이 아파서 죽을 뻔한 경험이 있는 저로서는 그때 하나님께서 살려 주시지 않았다면 벌써 죽을 몸이었습니다. 그뿐만이 아닙니다. 제가 가진 지식도 다 하나님의 것이라는 것을 알게 되었습니다. 특별히 학사경고 일보 직전까지 갔던 저로서는 학교를 그만둘 뻔하다가 하나님의 은혜로 공부를 다시 시작하게 되었는데 하나님이 도와주시지 않았다면 저는 벌써 비참한 인생을 살고 있을지도 모릅니다.

이러한 것들을 생각하니 저의 모든 것이 하나님께로부터 왔다는 사실을 다시 한 번 깊이 절감했습니다. 성경에는 이런 말씀이 있습니다. "너희는 하나님으로부터 나서 그리스도 예수 안에 있고 예수는 하나님으로부터 나와서 우리에게 지혜와 의로움과 거룩함과 구원함이 되셨으니 기록된 바 자랑하는 자는 주 안에서 자랑하라 함과 같게 하려 함이라."고린도전서 1:30-31

이런 것을 깨닫고 나니 아무 것도 하나님 앞에서 자랑할 것이 없다는 사실을 알게 되었습니다. 그렇습니다. 여러분이 누리는 것들 중에 하나님께로부터 나오지 않은 것은 아무것도 없습니다. 여러분의 호흡, 생명, 시간, 물질, 재능 이 모든 것이 다 주님께로부터 주어진 선물입니다. 그러므로 이 땅을 살면서 그것들을 잘 관리하고 사용하여 하나님께 영광을 돌려야 합니다. 이것이 바로 청지기 정신입니다.

젊은 시절에는 청지기 정신을 망각하기 쉽습니다. 자신의 인생의 주인이 자신인 것으로 착각하여 그저 눈에 보이는 것만을 따라가며, 흥청망청 자신의 건강과 젊음을 낭비하기 쉽습니다. 그러나 우리는 언젠가 하나님 앞에 서야 한다는 사실을 기억해야 합니다. 그때 하나님께서 주신 것들을 어떻게 사용했는지 물으실 것을 생각해야 합니다.

그럴 때 우리는 청지기 정신을 갖고 자신이 지닌 모든 것을 주님을 기쁘시게 하는 데 사용하고자 하는 마음을 갖게 될 것입니다.

> "인생을 잘 이용한다는 것은
> 인생보다 더 오래 지속되는 어떤 것을 위해
> 인생을 소비하는 것이다."
>
> _윌리엄 제임스

찬송가 역사상 가장 유명했던 여류작가들 중 한 명으로 프랜시스 리들리 하버갈(Frances Ridley Havergal)이 있습니다. 그녀는 1836년 11월 14일 영국 잉글랜드 우스터 애슬리에서 국교회 교구 목사의 딸로 태어났습니다. 아버지 윌리엄 헨리 하버갈은 목회자이자 작곡자로서 찬송가를 보급하는 활동을 했고, 프랜시스는 아버지의 음악적 재능을 물려받아 어릴 적부터 음악에 대한 조예가 깊었습니다. 그녀는 훌륭한 피아니스트로서 헨델의 전곡과 멘델스존과 베토벤의 음악을 악보 없이 칠 수 있었으며, 아름다운 목소리를 소유하고 있어 합창 협회에서도 명성을 떨치고 있었습니다.

또한 그녀는 문학에도 뛰어난 재능을 보여 4살 때부터 글을 읽었고, 7살부터 시를 썼으며, 언어적 소양도 뛰어나 독일어를 비롯해 프랑스어, 라틴어, 헬라어 그리고 히브리어에 능통했다고 합니다. 그러나 그 무엇보다 그녀는 하나님의 말씀을 몹시 사랑하여 시편과 이사야 그리고 대부분의 신약성경을 암송했다고 합니다.

하지만 그토록 놀라운 재능을 지닌 그녀에게 한 가지 큰 약점이 있었는데 그것은 몸이 연약했다는 것입니다. 그녀는 병약

한 몸 때문에 평생을 독신으로 지내야 했으며, 교육의 기회도 놓치고 말았습니다. 그렇지만 그녀는 하나님께 불평하지 않고 자신의 육신의 약함을 사도 바울의 가시와 같은 것으로 생각하며 평생을 하나님께 찬양을 올려 드리며 살기로 작정했습니다. 물론 그녀의 탁월한 재능을 탐낸 사람들이 그녀를 연주회나 예술 분야로 끌어들이려고 한 적도 많았지만, 그녀는 자신의 재능을 오로지 하나님께만 영광돌리는 데 쓰기로 굳게 다짐했습니다.

그러던 어느날 그녀는 영국 귀족 아렐리 가문에 며칠 동안 초대되어 가게 되었습니다. 그곳에는 10여 명의 사람들이 있었는데 그중에는 아직 예수님을 믿지 않는 사람들도 있었고, 이미 믿는 사람들도 온전히 주님께 헌신한 모습은 아니었습니다. 프랜시스는 안타까운 마음에 그들을 위해 간절히 기도했습니다. "주여, 이 집안의 모든 사람들을 저에게 붙여 주시옵소서." 그렇게 기도하고 그녀는 그들에게 열심히 주님을 전했습니다. 놀랍게도 그녀가 떠나기 전 그 집안의 모든 사람들이 주님께로 돌아왔습니다. 그날 밤 그녀는 너무 기뻐서 잠을 이루지 못하다가 시구가 떠올라서 찬양시를 써 내려가기 시작했습니다. 그것이 바로 우리나라 찬송가에도 수록되어 있는 'Take My Life and Let It Be'(나의 생명 드리니)라는 찬양입니다.

이 찬송시에는 프랜시스의 믿음의 고백이 고스란히 담겨 있습니다. 어릴 때부터 몸이 약해 많은 고난을 당했으나 자신에게 없는 것에 불만을 갖기보다는 주어진 재능과 은사에 최대한 초점을 맞추어 오로지 하나님께 영광 돌리는 삶을 살기 위해 몸부림쳤던 그녀의 모습이 담겨 있습니다. 비록 육신의 연약함으로 인해 42세라는 짧은 나이에 생을 마감했지만 이 찬양을 통해 그녀는 우리가 하나님께서 주신 생명과 물질 그리고 시간 모두를 온전히 주님께 돌려 드림이 마땅함을 보여 주고 있습니다.

나의 생명 드리니 주여 받아 주셔서
세상 살아갈 동안 찬송하게 하소서.

손과 발을 드리니 주여 받아 주셔서
주의 일을 위하여 민첩하게 하소서.

나의 음성 드리니 주여 받아 주셔서
주의 진리 말씀만 전파하게 하소서.

나의 보화 드리니 주여 받아 주셔서
하늘 나라 위하여 주 뜻대로 쓰소서.

나의 시간 드리니 주여 받아 주셔서
평생토록 주 위해 봉사하게 하소서.

7장

청년과 물질

하나님께서 돈을
맡기고 싶은
사람이 되라

우리가 재물을 어떻게
사용하는가 하는 것은
우리가 실제로
어떤 사람인지를 보여 준다.

_찰스 라이리

1. 하나님과 재물

기독교인의 영성에 있어서 중요한 것 중의 하나는 물질의 사용입니다. 누군가가 하나님을 잘 믿는다고 하면서 물질을 제대로 사용하지 않는다면 그 사람은 제대로 회심한 것이 아닙니다. 일찍이 마르틴 루터는 사람의 회심에는 세 가지가 있다고 했습니다. '머리'의 회심, '가슴'의 회심 그리고 '돈지갑'의 회심입니다. 머리로 기독교를 이해했다고 해도 가슴으로 받아들이지 않으면 진정한 회심이 아니며, 가슴으로 받아들였다고 해도 그것이 물질의 사용과 같은 실제적인 변화로 이어지지 않으면 진정한 회심이 아니라고 본 것입니다.

예수님께서는 "네 보물 있는 그곳에는 네 마음도 있느니라."_{마태복음 6장 21절}고 분명하게 말씀하셨습니다. 우리가 아무리 말로 주님을 사랑한다고 하더라도 자신이 지닌 물질을 주님이 기뻐하시는 모습으로 사용하지 않으면, 그것은 주님을 사랑하는 것이 아닙니다. 그래서 사실상 어떤 사람이 한 달 동안 사용한 돈의 내역을 살펴보면 그 사람이 진정으로 사랑하는 대상이 무엇인지를 대략적으로 짐작할 수 있습니다.

성경에 보면 예수님께서는 하나님과 재물을 같은 선상에 놓고 비교합니다. 우리가 알다시피 하나님은 전지전능하십니다. 그러므로 그 어떤 것도 하나님과 경쟁 상대가 될 만한 것은 없습니다. 그럼에도 불구하고 오늘날 이 땅에서 하나님의 자리를 대신할 수 있는 것 같이 느껴지는 것이 있으니 그것이 바로 재물입니다.

재물은 사실상 하나님만 주실 수 있는 안전과 행복을 보장해 줄 수 있는 완전한 것도 아닌데 사람들은 재물을 이와 같이 여겨 재물을 의지합니다. 그러나 그 결과는 패망입니다. 잠언에 이런 말씀이 있습니다. "자기의 재물을 의지하는 자는 패망하려니와 의인은 푸른 잎사귀 같아서 번성하리라."_{잠언 11장 28절}

예수님은 절대로 물질의 문제를 가볍게 보시지 않습니다. 물질에는 그만큼 강력한 영적 파워가 있기 때문입니다. 예수님은 하나님과 재물을 겸하여 섬기지 못한다고 말씀하셨습니다. 이 말씀은 우리가 하나님의 종이 되지 아니하면 물질의 노예가 될 수 있다는 것을 의미합니다. 오늘날 황금만능주의 사회에서 정신을 바짝 차리지 아니하면 물질을 따라가고, 물질을 취하는데 정신이 팔려 하나님을 잊어버릴 수 있습니다. 그러므로 젊을 때부터 올바른 물질관으로 물질을 제대로 사용하는 지혜를 갖는 것은 대단히 중요합니다.

2. 물질에 대한 올바른 태도

많은 사람들이 돈 이야기를 하면 경건하지 못하고 속되다고 생각하지만 성경은 돈을 무시하라고 가르친 적이 없습니다. 성경은 오히려 기도에 대해 400번 말하는데 돈에 대해서는 2,000번 이야기합니다.[1]

예수님의 가르침의 15퍼센트도 돈과 소유물에 관한 것인데 이는 천국과 지옥에 대한 가르침을 모두 합친 것보다 많습니다.[2] 예수님이 이렇게 하신 이유는 신앙과 물질 문제를 잘 통합하는 일이야말로 균형 잡힌 신앙생활을 위해 꼭 필요한 부분이기 때문입니다.

그리스도인들은 돈에 대해 거부감을 갖고 무조건 회피하기보다는 돈에 대한 올바른 성경적인 태도를 가질 필요가 있습니다. 분명히 돈은 밝은 면과 어두운 면이 있습니다. 그러므로 돈을 바르게 벌어서 지혜롭게 사용하는 것은 대단히 중요한 일입니다. 이를 위해 다음과 같은 세 가지를 기억하는 것이 중요합니다.

1) 물질의 주인이 하나님이심을 인정해야 합니다

첫째는 물질의 주인이 하나님이심을 인정하는 것입니다. 어떤 사람은 물질이라고 하면 거부감을 갖는 경우가 있습니다. 부자가 되는 것이 죄라고 생각하고 가난을 미화하는 태도입니다. 이것을 소위 청빈주의라고 합니다. 그러나 이것은 교회에 관계되는 일만 성스럽고 세상일은 모두 거룩하지 못하다고 생각하는 이원론적인 사고입니다.

반면에 크리스천이라고 하면 당연히 물질의 축복을 받아야 한다고 주장하는 사람도 있습니다. 이것은 청부주의적인 생각입니다. 그러나 이것에도 문제가 있습니다. 이 경우에는 부유함을 믿음의 잣대로 여기고, 가난한 것은 하나님께 복받지 못한 것이라고 생각하게 합니다. 그러므로 이것도 극단적인 사고입니다.[3]

물질에 대한 올바른 태도는 청지기적인 사고입니다. 이는 자신이 소유한 물질을 하나님께서 주신 것이라 생각하고 이것을 소중하게 잘 사용하고 관리하면 하나님께 영광이 된다고 생각하는 것입니다.

돈에 대해 분명히 알아야 할 것은 죽을 때 그 누구도 결코 돈을 들고 갈 수 없다는 것입니다. 돈은 이 땅에 사는 동안 하나님께서 잠시 맡겨 놓으신 것에 불과합니다. 그러므로 우리는 하나님께서 주신 물질에 대해 이 모든 물질을 어떻게 사용했는지를 나중에 보고할 책임이 있습니다.

어렵게 자수성가하여 많은 돈을 모은 사람은 자신이 노력하여 재물을 얻었기 때문에 자신이 소유한 물질이 모두 자신의 것이라고 생각할 수 있습니다. 그러나 그것은 큰 착각입니다. 하나님께서 그에게 재물을 얻을 수 있는 능력을 주셨기에 재물을 얻을 수 있었던 것이지 자신이 잘나서 그렇게 된 것이 아니기 때문입니다.

성경은 이에 대해 분명히 말씀합니다. "그러나 네가 마음에 이르기를 내 능력과 내 손의 힘으로 내가 이 재물을 얻었다 말할 것이라 네 하나님 여호와를 기억하라 그가 네게 재물 얻을 능력을 주셨음이라."신명기 8장 17-18절 이처럼 하나님께서 우리에게 재물 얻을 능력을 주신 것입니다. 이 사실을 결코 잊어서는 안 됩니다.

자신이 소유한 물질이 하나님의 것이라는 사실을 확실히 인정하는 가장 좋은 방법은 헌금 생활을 하는 것입니다. 특별히 십일조는 우리가 소유한 물질이 하나님의 것임을 인정하는 행위입니다. 저는 십일조가 마치 에덴동산의 선악과와 같다고 생각합니다.

하나님께서는 왜 에덴동산 중앙에 선악과를 두셨을까요? 그토록 먹으면 안 되는 과일이라면 눈에 잘 안 띄는 곳이나 접근하기 어려운 곳에 놓아두시지 왜 하필 가장 먹기 좋은 동산 중앙에 선악과를 두셨느냐 하는 것입니다. 그 이유는 선악과가 인간에게 그 동산의 주인이 하나님이심을 기억하게 하는 나무였기 때문입니다. 생각해 보십시오. 만약 선악과가 없었다면 아담이 한 달, 두 달, 일 년, 이 년 동안은 에덴동산의 주인이 하나님이심을 기억했겠지만 100년, 200년이 지났을 때는 그 동산의 주인이 자신인 것으로 착각하지 않았겠습니까? 동산 중앙에 선악과가 있었기 때문에 아담과 하와는 자신들은 동산의 주인이 아니라 관리인에 불과하다는 사실을 기억할 수 있었던 것입니다.

그들이 선악과를 따 먹겠다고 한 것은 단순히 과일 하나 먹은 것이 아니라 이제 동산의 주인이 자신이 되겠다고 선언한 것과 같은 행동이기에 아주 심각한 죄가 된 것입니다. 십일조도 마찬가지입니다. 하나님께서 십일조를 내라고 하신 것은 내가 벌어들이는 모든 돈이 사실은 하나님의 것임을 인정하도록 하기 위함입니다. 그러므로 십일조를 내지 않는 것은 결국 자신이 소유한 돈의 주인이 자신의 것임을 선언하는 행위입니다.

그러므로 성경은 십일조를 떼먹는 것을 하나님의 것을 도적질하는 행위로 여깁니다. 말라기 3장 8절에 보면 다음과 같은 말씀이 있습니다. "사람이 어찌 하나님의 것을 도둑질하겠느냐 그러나 너희는 나의 것을 도둑질하고도 말하기를 우리가 어떻게 주의 것을 도둑질하였나이까 하는도다 이는 곧 십일조와 봉헌물이라."

어떤 사람은 십일조는 구약의 율법에서 나온 것이기에 신약 시대에는 해당되지 않는 것이 아니냐고 말하기도 합니다. 여기에 대해서는 뉴욕 리디머(Redeemer)장로교회를 이끌고 있는 티머시 켈러(Timoty J.keller) 목사님의 답변이 도움이 될 것 입니다. 켈러 목사님은 21세기의 C. S. 루이스로 알려진 분으로 젊은 화이트칼라들이 있는 뉴욕 도심 한복판에 교회를 세우고 철저히 성경에 근거하여 말씀을 전하시는 분입니다. 켈러 목사님에 대해 젊은이들은 열광합니다. 그 이유는 이분이 복음의 본질과 핵심을 꿰뚫는 말씀을 전하기 때문입니다. 어떤 사람이 켈러 목사님에게 십일조에 관해 질문했습니다. 구약에는 십일조를 내야 한다는 말이 있지만 신약에는 수입의 얼마를 내야 한다고 명확히 나와 있지 않기 때문에 반드시 수입의 10퍼센트를 헌금하지 않아도 되는 것이 아니냐고 말입니다.

그러자 목사님은 그 말에 동의하는 듯 고개를 끄덕이다가 다음과 같이 말했습니다. "신약성서에 십일조 규정이 확실하게 명시되어 있지 않은 이유를 말씀드리죠. 생각해 보세요. 우리는 구약성서의 신자들보다 하나님의 구원과 신뢰, 은혜를 더 많이 받았을까요, 아니면 덜 받았을까요?"[4] 이 질문에 대부분의 사람들은 그들보다 은혜를 더 많이 받아누렸다는 사실을 인정할 수밖에 없습니다. 그러면 켈러 목사님은 다음과 같은 말로 마무리합니다. "예수님께서는 우리를 구하기 위해 자기 생명과 피의 '십일조'를 바치셨나요, 아니면 그 모든 것을 다 바치셨나요?"[5] 두말할 것도 없이 주님은 우리를 위해 모든 것을 다 바치셨습니다. 그러므로 신약의 기독교인들은 원칙적으로 볼 때는 십일조가 아니라 모든 것을 주님을 위해 바쳐야 합니다. 그러나 하나님께서는 너무 무리한 것을 요구할 수 없기에 최소한의 기준으로 십일조를 정해 놓으신 것입니다. 그러므로 십일조는 무리한 헌금을 요구하는 것이 아니라 우리가 하나님 앞에 바쳐야 할 최소한의 가이드라인만 제시한 것입니다.

그래서 케네스 F. W. 프라이어는 다음과 같은 말을 합니다. "구약에서 십일조는 의무였다. 따라서 엄밀히 말하면 헌금의 범주에 들지 못한다는 주장이 가능하다. 그리스도인의 헌금은 십분의 일 이상을 드릴 때부터 비로소 시작된다."[6] 무슨 말입니까? 십일조는 의무적으로 당연히 내야 하는 것이기 때문에 십일조를 내고 난 다음부터가 자발적인 헌금이라는 것입니다.

바뭄(P. T. Barnum)은 "돈이란 훌륭한 노예이자 끔찍한 주인"[7]이라고 말했습니다. 돈은 지혜롭게 잘 다루면 큰 유익과 도움을 줍니다. 그러나 잘못하여 돈의 힘에 굴복하고 돈을 우상화하면 우리의 인생에 큰 불행이 닥칩니다.

맘몬의 힘을 무너뜨리는 가장 좋은 방법은 돈의 주인이 하나님이심을 인정하는 것입니다. 그리고 이러한 고백을 헌금을 통해 드러내는 것입니다. 그럴 때 우리는 물질의 영향력에서 자유해질 수 있습니다. 또한 물질에 대한 애착과 욕심을 버리고 물질을 지배하고 다스리는 능력을 얻게 됩니다.

2) 정당한 방법으로 벌고 열심히 저축해야 합니다

물질에 대해 기억해야 할 두 번째 사항은 정당한 방법으로 돈을 벌고 열심히 저축하는 것입니다. 오늘날 많은 사람들은 돈을 버는 데 혈안이 돼서 수단과 방법을 가리지 않고 돈을 벌고자 합니다. 그러나 이것은 하나님께서 보시기에 옳지 못한 모습입니다. 하나님께서는 우리가 정당한 방법으로 돈을 벌기를 원하십니다.

12세기 십자군 전쟁 때의 용병들에 대한 이야기가 있습니다. 이들은 전쟁에 나가기 전에 세례를 받아야 했습니다. 그런데 그들 중에 몇몇은 자신의 칼이 세례수에 닿지 않게 하고 세례를 받는 경우가 있었습니다. 그 이유는 자기들의 칼만은 하나님의 통치와 간섭을 받지 않고 마음껏 휘두르기를 원했기 때문입니다.[8]

이와 마찬가지로 오늘날 많은 그리스도인들은 자신의 경제활동에서만은 하나님의 통제를 받고 싶어 하지 않습니다. 그 이유는 성경적인 방법으로는 쉽게 돈을 벌 수 없다고 생각하기 때문입니다. 그러나 이것은 잘못된 태도입니다. 그러한 방법으로 벌게 된 돈은 결국 오래가지 못하고 다 사라지게 되어 있습니다. 성경은 다음과 같이 말합니다. "망령되이 얻은 재물은 줄어가고 손으로 모은 것은 늘어가느니라."잠언 13장 11절

우리는 잘못된 방법으로 돈을 쉽게 벌고자 하는 유혹을 물리쳐야 합니다. 특별히 하나님의 사람들은 뇌물을 조심해야 합니다. 신문을 보면 높은 자리에 있는 사람들이 백만 원, 천만 원 같은 얼마 안 되는 돈의 유혹을 못 이겨 받았다가 구속되거나 자리에서 물러나는 경우를 많이 봅니다. 그만큼 높은 자리에 올라가기가 쉽지 않았을 텐데 몇 푼의 유혹을 이기지 못해 그

렇게 되는 것은 정말 안타까운 일입니다.

내가 수고하지 않고 들어온 돈은 공돈인 것과 같습니다. 그러나 그것은 축복이 아니고 미끼입니다. 나의 인생을 망치는 미끼인 것입니다. 물고기가 미끼가 맛있어 보여서 덥석 물면 그것으로 인해 죽음의 길로 가듯이 뇌물이 바로 그런 것입니다.

또한 그리스도인들은 일확천금을 노리는 자세도 버려야 합니다. 로또나 도박에 목숨을 걸어서는 안 됩니다. 로또나 도박으로 돈을 벌 가능성도 없을 뿐만 아니라 땀 흘리지 않고 들어온 돈은 나에게 축복이 되는 것이 아니라 오히려 저주가 되기 때문입니다. 힘들고 어렵게 돈을 모은 사람만이 자신이 소유한 물질이 귀한 것인 줄을 알고 아껴 쓰고 저축하게 됩니다.

또한 필요 없는 사치와 낭비도 주의해야 합니다. 사치와 낭비는 우리를 금세 가난하게 만들기 때문입니다. 놀라운 사실은 월급을 많이 받는 사람들 가운데도 신용 불량자가 많다는 사실입니다. 돈을 많이 버는 사람들은 그만큼 돈의 씀씀이가 크기 때문에 일반인들보다 지출하는 돈이 더 많습니다. 거기에다 무리하게 할부로 물건을 구입하거나 대출로 빚을 지면 결국 자연스럽게 빈털터리가 됩니다.

우리는 씀씀이를 줄이고 자기 분수에 맞게 생활해야 합니다. 특별히 오늘날 신용카드 할부로 물건을 구입하는 사람들이 많은데 그것이 다 빚이라는 사실을 우리는 알아야 합니다. 신용카드가 우리에게 주는 폐단은 큽니다. 요즘 유행하는 말처럼 사람들이 '지름신'이 오면 절제하지 못하고 그냥 확 사 버려야 속이 시원합니다. 그러나 이것은 불행으로 가는 지름길입니다.

가급적 신용카드 사용을 자제하고 저축하는 습관을 길러야 합니다. 성경에 보면 요셉도 저축했습니다. 그는 7년의 풍년 동안에 7년의 흉년을 대비하여 저축해 놓았기에 큰 어려움이 닥쳤을 때 그 위기를 넘기고 많은 사람을 살릴 수 있었습니다. 우리 인생에도 언제나 풍년이 있으면 흉년이 있습니다. 지혜로운 사람은 흉년을 대비하여 풍년의 때에 열심히 저축하는 사람입니다.

우리는 보통 백만장자가 된 사람들은 부모에게 큰 재산을 물려받거나 사업이 대박 나서 큰 부자가 되었다고 생각하기 쉽지만 의외로 백만장자의 습관을 살펴본 사람들의 말을 들어보면 하루아침에 백만장자가 된 사람은 별로 없습니다. 오랫동안 저축하고 긴 안목으로 투자하며 재산을 불려 나간 사람이 백만장자가 된 것입니다. 따라서 올바른 물질 관리를 위해서는 정직하게 물질을 벌고, 그 물질을 귀하게 여겨 아껴 쓰며, 저축하는 습관을 길러야 합니다.

3) 제대로 쓸 줄 알아야 합니다

물질은 또한 제대로 쓸 줄 알아야 합니다. 물질의 귀중함을 강조하다 보면 들어오는 돈마다 움켜잡고 내놓지 않는 것이 상책이라고 생각하기 쉬운데 꼭 그런 것만은 아닙니다. 사치와 낭비는 피해야겠지만 필요할 때 제대로 쓰는 사람이 지혜로운 사람입니다.

잠언에 이런 말씀이 있습니다. "흩어 구제하여도 더욱 부하게 되는 일이 있나니 과도히 아껴도 가난하게 될 뿐이니라 구제를 좋아하는 자는 풍족하여질 것이요 남을 윤택하게 하는 자는 자기도 윤택하여지리라." 잠언 11장 24-25절

돈이란 마치 퇴비와 같습니다. 주위에 고루 뿌리면 돈은 많은 혜택을 가져옵니다. 그러나 이것을 그대로 쌓아 두면 악취를 풍깁니다. 그러므로 기회가 닿는 대로 돈을 많이 뿌리고 나누어 주는 사람이 되어야 합니다.

우리가 잘 아는 빌 게이츠는 세계 최고의 부자입니다. 그런 그가 어느 날, 아이스크림을 먹기 위해 줄을 서 있는데 할인 쿠폰을 찾기 위해 주머니를 뒤적거리는 모습이 목격되었다고 합니다. 평생 써도 다 못 쓸 돈을 갖고 있지만 절약할 수 있는 부분은 절약하기 위해 노력하는 것입니다. 그러면서도 자신의 재산의 대부분을 자선 사업을 위해 내어놓습니다.

이것이 물질에 대한 올바른 태도입니다. 사치와 낭비를 하지 않도록 노력하면서 최대한 많은 돈을 모으되, 필요하다면 다른 사람을 위해 아낌없이 쓸 수 있는 사람이 진짜 부자입니다. 그러므로 진정한 부자는 얼마나 소유하고 있는가로 결정되기보다는 얼마나 많이 내어놓을 수 있느냐 하는 것으로 결정된다고 볼 수 있습니다.

『부자 아빠 가난한 아빠』(2000, 황금가지)라는 책으로 세계적인 베스트셀러 작가가 된 로버트 기요사키(Robert Toru Kiyosaki)는 돈은 그 자체로서 어떤 능력이 있는 것이 아니라 그 돈을 소유한 사람이 어떤 인품을 갖고 있는지를 보여 준다고 말합니다. 다음은 그의 부자 아빠가 해 준 말입니다.

"돈이 우리를 타락시키는 것이 아니다. 돈은 단지 우리의 진정한 모습을 드러낼 뿐이다. 우리가 본질적으로 탐욕스럽다면, 돈이 더 많아질 경우 우리는 더 탐욕스러워진다. 우리가 천박하다면, 돈이 더 많을 경우 우리는 더 천박해진다. 우리가 사기꾼이라면, 돈이 더 많을 경우 더 큰 사기꾼이 된다. 우리가 너그러운 사람이라면, 돈이 많을 경우 더 너그러워진다. 우리가 가난하다면, 돈이 많을 경우 더 가난해진다.(그래서 복권에 당첨된 사람들 대부분이 곧 무일푼이 되는 것이다.) 우리가 바보라면, 돈이 많을 경우 더 어리석은 바보가 된다. 그리고 우리가 돈의 주인이라면, 그 돈으로 하나님의 사업을 수행함으로써 우리 주위 사람들은 물론 우리도 성장하고 번성할 것이다."[9]

요즘 사람들은 인사말로 "부자되세요."라는 말을 잘 씁니다. 그만큼 오늘날 부자되는 것이 모든 사람의 인생 목표입니다. 그런데 왜 부자가 되고 싶은지를 먼저 생각해 보아야 합니다. 그냥 혼자 잘 먹고 잘 살기 위해 부자가 되고자 한다면 그것은 바람직한 그리스도인의 자세가 아닙니다.

내가 부자가 되어야 하는 이유는 남을 더 많이 돕기 위한 것이어야 합니다. 고인 물은 썩는다는 말이 있습니다. 아무리 물질의 축복을 많이 받아도 그것을 움켜쥐고 남을 돕기 위해 내어놓지 않는다면 그것은 나에게 축복이 아니라 재앙이 되기 쉽습니다. 그러므로 우리는 돈을 벌기 전에 어떻게 돈을 쓸 것인가에 대한 분명한 이해가 있어야 합니다.

오늘날 이 세상에서 돈이라는 것은 거의 생명처럼 귀한 것이 되어 버렸습니다. 그러므로 돈을 내어놓는다는 것은 쉬운 일이 아닙니다. 그러므로 많은 돈을 벌어 부자가 된 다음에 내어놓겠다고 생각하면 내어놓기 힘듭니다. 가급적이면 적은 물질부터 내어놓는 습관을 길러야 합니다.

진정으로 지혜로운 사람은 영원한 것을 위해 물질을 사용하는 사람입니다. 바로 하나님과 이웃을 위해 나의 물질을 사용하는 사람인 것입니다.

3. 나의 돈인가, 하나님의 돈인가

보아스파이낸셜클리닉의 김진만 대표는 돈에 관해 그리스도인이 가져야 할 올바른 태도를 다음과 같이 말합니다. "하나님께서 인정하시는 진정한 부자가 되고 싶다면, 우리는 우리의 소유물에 대한 권리를 주님께 드려야 한다. 그래서 우리는 더 이상 주님께 '하나님, 당신은 내가 나의 돈으로 어떻게 하길 원하십니까?'라고 묻는 대신에 '주님, 내가 당신의 돈을 어떻게 쓰길 원하십니까?'라고 물어야 한다."[10]

이는 중요한 지적입니다. 우리가 그리스도인이라면 돈에 대한 관점을 완전히 바꾸어야 합니다. 돈은 결코 나의 소유물이 아니라 하나님께서 나에게 잠시 맡기신 선물입니다. 그러므로 이 선물은 하나님의 나라와 다른 사람의 유익을 위해 사용되어야 합니다.

물질 사용에 관한 가장 일반적인 원칙을 우리는 요한 웨슬리 (John Wesley)의 삶을 통해 볼 수 있습니다. 웨슬리는 감리교를 창설한 복음전도자입니다. 그는 평생토록 철저한 절제생활을 하면서 물질 사용에 있어서 모범을 보였습니다. 그가 갖고 있던 돈에 관한 세 가지 원칙은 다음과 같습니다.

첫째, 최대한 열심히 벌어라(Gain all you can!). 웨슬리는 돈 버는 것을 정죄하지 않았습니다. 그는 오히려 크리스천들이 하나님께서 주신 재능을 활용하여 최대한 많은 돈을 벌어야 함을 강조했습니다.

둘째, 할 수 있는 대로 많이 저축하라(Save all you can!). 웨슬리는 육체의 욕망을 즐기기 위해서 돈을 낭비해서는 안 된다고 했습니다. 그는 검소한 생활을 하면서 최대한 돈을 많이 저축하라고 가르쳤습니다.

셋째, 할 수 있는 대로 많이 주어라(Give all you can!). 웨슬리는 우리가 돈을 많이 벌고 저축하는 이유가 최대한 많은 사람들을 돕고 섬기기 위함이라는 사실을 강조했습니다.

저는 물질에 관한 이야기를 하면서 여러분들이 거룩한 욕심을 갖기를 바랍니다. 오늘날 이 세상에는 돈이 필요합니다. 특히 하나님의 일을 하는데도 돈이 필요합니다. 토머스 앤더슨 (Thomas Anderson)은 다음과 같이 말했습니다. "누군가가 전도지의 비용을 대 주지 않으면, 우리는 전도지를 배포할 수 없고 거리의 사람들에게 간증할 수도 없다. 선교사에게도 돈이 필요하다. 목사에게도 돈이 필요하다. 교회의 사업도 돈이 없으면 이루어질 수 없다."[11]

저는 하나님께서 주신 귀한 재물이 믿지 않는 사람들 주머니에 있는 것이 너무 안타깝습니다. 이슬람이 물질로 선교하는 것도 안타깝고, 이단들이 학교를 세우는 것도 못마땅합니다. 저는 세계 복음화가 제대로 이루어지기 위해서는 자원과 사람의 재배치가 필요하다고 생각합니다. 쓸데없는 곳에 사용되고 있는 이 세상의 수많은 돈들이 하나님의 사람에게로 모여져서 영혼을 구원하는 데 사용되어야 합니다.

물질이 바르게 사용되면 얼마나 놀라운 결과를 가져오는지 모릅니다. "하나님의 대학"이라고 하는 한동대학교의 개교 초기에 있었던 일화를 모은 『갈대상자』(두란노, 2004)를 읽어 보면 당시 경제적으로 심각하게 어려움에 처해 있던 한동대학교 김영길 전 총장님이 시카고 휘튼대학교에서 열린 코스타 집회를 참석하고 난 뒤 워싱턴 펠로우십 교회에서 주일 예배를 드렸던 내용이 나옵니다.

김 총장님이 주일 예배를 드리고 있을 때 김원기 담임목사님은 소경 바디메오의 이야기에 관해 설교하시면서 바디메오처럼 간절한 기도 제목이 있는 사람은 앞으로 나오라고 말씀하셨습니다. 그 말이 끝나자마자 제일 먼저 달려 나간 사람이 바로 김 총장님이었습니다. 총장님은 간절한 심정으로 단 위의 목사님 앞에 무릎을 꿇고 앉았습니다. 처음 방문한 낯선 교회였지만 체면을 따질 상황이 아니었습니다. 재정적인 압박이 너무 심했기 때문입니다. 그날 총장님은 하나님께 50억을 달라고 기도했다고 합니다.

그런데 정말 놀라운 일이 일어났습니다. 그로부터 5개월 후 전부터 알고 지내던 한국기독실업인회 회장님이 한동대학교에 전화를 걸어와서 58억 원을 후원하겠다고 하신 것입니다. 당시 그 돈이 없었다면 한동대학교의 모든 기능은 마비되었을 것입니다.[12] 그 돈이 있었기에 한동대학교가 큰 고비를 넘기고 지금의 모습으로 발전할 수 있었습니다. 이는 놀라운 기도 응답이면서 하나님의 일을 하는 데 물질이 얼마나 중요한지를 보여주는 일화입니다.

이런 것을 보면 믿는 사람들의 손에 물질이 있다는 것이 얼마나 축복인지 모릅니다. 그래서 저는 우리 믿는 사람들 가운데 영적 거부들이 좀 많이 나왔으면 좋겠습니다. 그래서 장학사업, 선교 사업과 같이 주님의 일을 하는 데 거액을 아낌없이 기부했으면 좋겠습니다.

2008년도에는 카이스트(KAIST)에 위대한 기부자가 한 명 나왔습니다. 대한민국 1호 한의학 박사인 류근철 박사께서 카이스트에 578억 원을 기부한 것입니다. 이 금액은 국내 개인

기부로는 최고액이라고 합니다. 그는 '전자침술기', '추간판 및 관절 교정용 운동기구' 등을 개발함으로써 여러 개의 특허를 취득하여 많은 돈을 벌 수 있었습니다.[13]

이렇게 해서 모은 전 재산을 카이스트에 기부한 류 박사는 초빙특훈 교수로 카이스트 내 8평짜리 게스트하우스에서 학생들을 가르치다가 2011년 86세로 별세했습니다.

우리 기독교인들 가운데도 이렇게 물질을 통해 큰일을 하는 사람들이 많이 나오면 얼마나 좋겠습니까? 우리가 이런 마음으로 돈을 구한다면 하나님께서 반드시 주실 것입니다.

이 책을 읽는 여러분들 가운데 하나님과 이웃을 섬기기 위해 물질을 드리고자 결심하고 이를 위해 간절히 기도하여 큰 복을 받는 사람들이 많이 나오기를 축복합니다.

"예수님이 땅에 보물을 쌓아 두지 말라고 권고하신 것은
재물을 잃을지도 모르기 때문이 아니라
언제나 재물은 잃게 되어 있기 때문이다.
우리가 사는 동안 재물이 우리를 떠나든지,
아니면 우리가 죽으면 재물을 떠나게 된다. 예외는 없다."

_랜디 알콘

여러분은 "컴패션"이라는 단체를 아십니까?

"꿈을 잃은 어린이들에게 그리스도의 사랑을"이라는 표어로
활동하는 이 단체는 한 어린이의 삶의 변화에 초점을 맞추어 아
프리카, 중남미, 아시아 등 전 세계의 가난한 어린이들을 후원
자와 일대일로 결연하여 영적, 경제적, 사회 정서적, 신체적 가
난으로부터 그들을 자유롭게 만들어 주고자 설립된 국제어린이
양육기구입니다.

현재 11개의 후원국가를 통해 전 세계 26개국 160만 명 이상
의 어린이들이 양육받고 있습니다.

특별히 컴패션은 어린이들을 도우면서 먹을 것과 입을 것만
주는 것이 아니라 아이들이 있는 현지 교회와 연결하여 센터를
만들어 부모가 자녀를 키우듯 어린이들을 먹이고 입히며 학교
를 보내 사랑으로 양육해 준다는 사실이 특이합니다. 이로 인해
아이들은 지속적인 돌봄으로 꾸준한 성장과 변화를 경험합니
다.(이를 위해 전 세계에 6,000개가 넘는 어린이 센터가 생겼습
니다.)

이 컴패션은 한국에서 시작되었습니다. 1952년 겨울, 한국전

쟁이 한창이던 때 미군 병사들을 위로하기 위해 한국에 방문했던 에버렛 스완슨(Everett Swanson) 목사님은 새벽에 쓰레기봉투에 담겨 버려진 아이들의 시체를 목격합니다. 그 아이들은 길거리에서 자다가 혹독한 추위와 배고픔을 견디지 못하고 웅크린 채로 얼어 죽은 아이들이었습니다. 이 아이들의 모습에 큰 충격을 받은 스완슨 목사님은 한국에 다시 돌아와 고아원을 세우고 그들을 체계적으로 양육하기 위해 미국과 전 세계 후원국을 통해 일대일 결연을 호소했습니다.

그 결과 10만 명이 넘는 어린이들이 도움을 받았고, 이 과정에서 지금의 컴패션이 탄생했습니다. 그러다가 컴패션은 1993년 한국의 경제성장을 축하하며 한국에서 철수했습니다.

그런데 한국에서 다시 이 컴패션이 시작되었습니다. 이번에는 수혜국이 아니라 다른 나라의 어린이들을 돕는 후원국으로 말입니다.

놀랍게도 2003년에 220명을 후원하는 것으로 시작된 한국컴패션은 불과 10년 만에 12만 명을 양육하는 전 세계 11개 후원국가 중 2위를 차지하는 역사를 이루어 냈습니다. 참으로 하나님의 놀라운 은혜가 아닐 수 없습니다. 이 놀라운 역사의 중심에 서 있는 분이 바로 서정인 목사님입니다.

서 목사님은 현재 한국컴패션 대표이며, 한국에서 컴패션 사역을 개척하신 분이기도 합니다. 서 목사님이 『고맙다』(규장, 2013)라는 제목의 책을 쓰셨는데, 이 "고맙다"라는 말은 우리가 '하나님의 사랑으로 한 아이를 우리 가슴에 품을 때' 하늘에서 들려올 것으로 예상되는 하나님의 음성을 마음의 소리로 듣고 정한 제목이라고 합니다.

이 책을 읽다 보면 선과 정혜영 부부의 이야기가 나옵니다. 모범적인 크리스천 부부로 알려진 이들은 컴패션을 통해 그 당시 이미 6명의 아이들을 개인적으로 후원하고 있었습니다. 그런데 필리핀에 가서 자신이 후원하는 아이를 만나고 온 정혜영 씨는 남편과 상의한 후 놀라운 결정을 합니다.

그것은 앞으로 자신들의 집을 소유할 것을 포기하고 그 돈으로 100명의 아이들을 더 후원하겠다는 것이었습니다. 그뿐만이 아닙니다. 그 이후 그들은 교회 간증을 통해 100명의 아이들을 위한 후원자를 추가로 더 모집했고, 계속해서 그 숫자를 늘려 지금은 800명이 넘는 아이들의 부모가 되었다고 합니다.[14] 비록 저들은 지금도 셋집에 살고 있지만 천국에 아름다운 집을 짓고 있는 것입니다.

저는 『고맙다』라는 책을 읽으며, 또 특별이 이 책에 나오는 션과 정혜영 부부의 이야기를 읽으며 왜 우리 그리스도인이 돈을 벌어야 하는지 그 이유를 분명히 알게 되었습니다.

저희 가정도 몇 년 전부터 컴패션을 통해 외국 아이를 후원하고 있지만 재정적인 이유로 한 아이밖에 후원하지 못하고 있습니다. 그러나 제가 재정이 더 좋아지면 더 많은 아이를 후원할 수 있지 않겠습니까? 그리고 저는 목회자이기 때문에 어차피 큰 부자는 될 수 없지만 제가 목회하고 있는 성도들이 물질의 복을 받으면 이러한 사역에 더 많이 동참할 수 있지 않겠습니까?

그래서 저는 성도들에게 이 책을 적극적으로 소개하여 읽어 볼 것을 권했고, 그 결과 여러 성도들이 이 후원에 동참했습니다.

오늘날 부자가 되고 싶어 하는 사람들은 많이 있지만 왜 부자가 되어야 하는지 그 이유를 모르며 돈을 버는 사람들이 대부분입니다. 그러나 저는 이 책을 통해 '사람이 돈을 벌면 물질은 이렇게 써야 하는구나' 하는 것을 다시 한 번 깨달았습니다. 이러한 컴패션 사역 외에도 물질이 있으면 주님을 위해 세계 선교에 동참할 수 있는 부분이 정말 많이 있을 것입니다. 따라서 우

리가 이와 같이 물질을 벌어야 하는 이유를 분명히 하고 재정의
축복을 구한다면 하나님께서는 우리에게 풍성한 재정의 축복을
허락해 주실 것입니다.

8장

청년과 직업

나의 직업에도
하나님의 부르심이
있다

세상의 구세주,
왕 중의 왕이신 이가 노동,
그것도 비천한 직분을 부끄러워
아니하셨다는 말은 실로 경이롭다.
이로써 그분은
모든 직업을 정결하게 하셨다.

_휴 래티머

1. 일에 대한 올바른 관점

이런 이야기가 있습니다. 어떤 사람이 죽었습니다. 한참 뒤에 눈을 떴는데 자기가 정말 좋은 곳에 와 있다고 생각했습니다. 자신이 누워 있는 침대는 한없이 넓고 푹신했으며 아침마다 자기를 깨우면서 출근하라고 닦달하는 아내의 성화도 없었습니다. 또한 직장 상사의 잔소리도 없었고, 일에 시달릴 필요도 없었습니다. 그리고 그의 옆에는 하인 한 사람이 언제나 대기하면서 그에게 필요한 모든 것을 가져다주었습니다.

그는 이렇게 생각했습니다. "야, 천국이 정말 듣던 대로 너무 좋은 곳이구나!" 그러나 이런 삶도 하루 이틀이지 날마다 너무 편하고 모든 것이 주어지니까 싫증이 났습니다. 그래서 어느 날, 하인을 불러서 이렇게 말했습니다. "이보게, 내가 아무 것도 하지 않으니까 지루해서 견딜 수가 없네. 뭔가 내 손으로 할 수 있는 일을 좀 주게나." 그러자 하인은 정색하면서 이렇게 대답했습니다. "결코 안 될 말입니다. 이곳에 있는 사람들은 누구든지 자기 손으로 일하는 것이 금지되어 있습니다."

이 말을 듣고 그 사람은 기가 막힌 나머지 화를 벌컥 내며 이렇게 소리쳤습니다. "이 사람아! 그러면 무슨 재미로 살란 말인가? 이런 곳이 무슨 천국인가!" 그러자 하인은 깜짝 놀라면서 이렇게 대답했습니다. "아니, 지금까지 당신은 여기가 천국이라고 생각하셨습니까? 여기는 천국이 아니고 지옥입니다."

이 이야기가 전해 주는 내용이 무엇입니까? 아무리 좋고 편한 환경에 있더라도 사람이 아무 일도 하지 않으면 천국 같은 환경도 지옥이 되고 만다는 것입니다. 하나님께서는 사람을 일하는 존재로 만드셨습니다. 성경을 보면 인간은 창조되었을 때부터 일하는 존재였습니다. 하나님께서는 아담을 만드시고 에덴동산과 하나님이 만드신 모든 피조물을 다스리는 일을 맡기셨습니다.

"여호와 하나님이 흙으로 각종 들짐승과 공중의 각종 새를 지으시고 아담이 무엇이라고 부르나 보시려고 그것들을 그에게로 이끌어 가시니 아담이 각 생물을 부르는 것이 곧 그 이름이 되었더라."_{창세기 2장 19절} 어떤 사물의 이름을 짓는다는 것은 그 사물에 대한 통치권을 나타내는 상징적인 행위입니다. 아담은 에덴동산에서 그냥 놀고먹은 것이 아니라 동물들의 이름을 짓고 그 동물들을 하나하나 관리하고 다스렸습니다.

이렇게 인간은 처음부터 일하는 존재였습니다. 성경에 보면 하나님도 일하는 분이십니다. "천지와 만물이 다 이루어지니라 하나님이 그가 하시던 일을 일곱째 날에 마치시니 그가 하시던 모든 일을 그치고 일곱째 날에 안식하시니라."_{창세기 2장 1-2절} 성경은 하나님의 천지창조 사역을 '일'로 표현했습니다.

하나님의 모습을 일꾼으로 그리는 것이 어색해 보입니까? 그러나 그것은 사실입니다. 하나님은 일하시는 분이었습니다. 그리고 지금도 일하시는 분이십니다. 예수님께서는 다음과 같이 말하셨습니다. "예수께서 그들에게 이르시되 내 아버지께서 이제까지 일하시니 나도 일한다 하시매."_{요한복음 5장 17절}

예수님 자신도 30세까지는 목수로서 육체노동을 하셨습니다. 통계를 보면 예수님께서 대중 앞에 나오셨던 132번의 사례 중에서 시장이 배경이 된 것이 122번이었고, 예수님이 말씀하신 52개의 비유 중에서 45개가 일터를 주제로 한 것이었습니다.[1]

그만큼 예수님은 일과 무관한 분이 아니셨습니다.

그래서 유명한 종교개혁자 울리히 츠빙글리(Ulrich Zwingli)는 이런 말을 남겼습니다. "이 우주에 일꾼만큼 하나님을 닮은 존재는 없다."[2]

자신이 맡은 자리에서 성실히 일할 때 우리는 어느새 하나님을 닮은 존재가 됩니다.

성경에 보면 인간이 타락하고 난 뒤에 이런 심판을 받은 것을 볼 수 있습니다.

"아담에게 이르시되 네가 네 아내의 말을 듣고 내가 네게 먹지 말라 한 나무의 열매를 먹었은즉 땅은 너로 말미암아 저주를 받고 너는 네 평생에 수고하여야 그 소산을 먹으리라." 창세기 3장 17절

아담에게 내린 저주로 인해 인간은 이제 일을 하는 데 고통이 따르게 되었습니다. 땅이 가시덤불과 엉겅퀴를 내고 사람이 땀을 흘려야 소산물을 거둘 수 있게 된 것입니다. 그러나 그렇다고 일의 근본적인 가치 자체가 바뀐 것은 아닙니다. 하나님은 우리 인간이 일하는 것을 중요하게 여기십니다. 성경에는 "일하기 싫어하거든 먹지도 말게 하라." 데살로니가후서 3장 10절는 말

씀도 나옵니다. 그러므로 우리 인간은 열심히 일을 해야 합니다. 그것이 하나님 앞에서의 마땅한 도리입니다.

2. 직업의 의미

인간에게 있어서 '일한다는 것'은 대단히 중요한 부분입니다. 그래서 사람에게는 직업이 중요합니다. 직업의 중요성은 취업 전선에 뛰어들어 구직하는 청년들이 가장 잘 느낄 수 있습니다. 일할 자리가 있다는 것이 얼마나 감사한지 모릅니다. 한때 '영혼을 팔아서라도 취직하고 싶다'고 한 젊은이의 말이 사람들의 입에 오르내렸는데 그만큼 일하고 싶은데 일할 자리가 없으면 고통스러운 것입니다. 그렇다면 직업이 주는 유익은 어떤 것이 있을까요? 크게 세 가지로 정리해 볼 수 있습니다.

1) 생계유지

직업을 갖게 되면 생계유지에 도움이 됩니다. 이 세상을 살아가는 데는 돈이 꼭 필요합니다. 성경에도 이런 말씀이 있습니다. "잔치는 희락을 위하여 베푸는 것이요 포도주는 생명을 기쁘게 하는 것이나 돈은 범사에 이용되느니라." 전도서 10장 19

절 여기서 "돈은 범사에 이용되느니라."는 말이 영어성경에는 "money is the answer for everything."(NIV)으로 되어 있어 "돈은 모든 것에 대한 답이 된다."라는 뜻이 됩니다.

사실상 오늘날 자본주의 사회에서는 돈만 있으면 거의 웬만한 문제가 해결됩니다. 돈이 있으면 집도 살 수 있고, 자동차도 살 수 있고, 음식과 옷도 살 수 있습니다. 돈이 있으면 학교도 다닐 수 있고, 아플 때 병원도 갈 수 있습니다. 심지어는 돈이 있어야 교회에 헌금할 수 있고, 남을 도울 수 있습니다. 그러므로 사람에게는 고정적인 수입을 얻게 해 주는 직업이 꼭 필요합니다.

그러나 돈이 중요하다고 해서 이것이 절대시되면 안 됩니다. 돈의 위력은 대단하지만 결코 하나님의 자리를 차지하면 안 됩니다. 돈을 절대적인 자리에 올려놓으면 그것은 돈을 우상화하는 것이 되고 돈을 사랑하게 되는 것입니다. 성경은 돈 자체를 악이라고 하지는 않았지만 돈을 사랑하는 행위는 악한 행동이라고 분명히 말합니다. 심지어는 그것이 모든 악의 뿌리가 된다고 이야기합니다.

"돈을 사랑함이 일만 악의 뿌리가 되나니 이것을 탐내는 자들은 미혹을 받아 믿음에서 떠나 많은 근심으로써 자기를 찔렀

도다." 디모데전서 6장 10절

오늘날 사회에서 발생하는 범죄나 죄악들은 대부분 돈 문제로 인해 발생하는 경우가 많습니다. 돈은 중요하지만 절대적인 것이 아니기에 직업을 선택할 때도 조심해야 합니다. 비록 그 직업을 통해 많은 돈을 벌 수 있거나 부자가 될 수 있다고 해도 남을 유혹하거나 타락시키는 직업을 갖는 것은 잘못된 것입니다. 이것은 자신뿐만 아니라 온 집안이 망하게 되는 지름길입니다. 성경에는 이런 말씀이 있습니다.

"실족하게 하는 일들이 있음으로 말미암아 세상에 화가 있도다 실족하게 하는 일이 없을 수는 없으나 실족하게 하는 그 사람에게는 화가 있도다." 마태복음 18장 7절

남을 실족케 하는 일을 통해 돈을 벌어들이는 사람은 그 일에 대해 다시 한 번 깊이 생각해 봐야 합니다. 가령 술을 판다든가 사기를 친다든가 해서 돈을 버는 사람은 깊이 반성해야 합니다. 직업을 갖더라도 남에게 유익이 되고 국가에 유익을 끼치는 그런 일을 해야 합니다.

리처드 백스터(Richard Baxter)는 다음과 같은 말을 했습니다.

"하나님을 가장 잘 섬길 수 있는 직업 또는 사명을 택하라. 세상에서 돈을 많이 벌거나 영예를 얻을 수 있는 직업이나 사명을 선택하지 말라. 가장 많이 선을 행할 수 있고 가장 덜 죄 짓는 쪽을 택하라."[3]

그러므로 우리 청년들은 좋은 직장을 얻을 수 있도록 기도를 많이 해야 하고, 자신의 능력 안에서 좋은 직장을 찾을 수 있도록 최선을 다해야 합니다.

그런데 여기서 또 한 가지 기억해야 할 것이 있습니다. 그것은 직업이 참 귀하고 꼭 필요한 것이지만 일에 중독될 정도로 몰두하면 위험하다는 사실입니다. 지나치게 일에 집착하게 되면 건강에 무리가 오게 되고 가정생활에 어려움이 오게 되며 하나님과의 관계에 문제가 생깁니다. 심지어는 하나님을 위한 사역에 있어서도 이 원칙은 지켜져야 합니다.

월로우크릭교회를 개척하신 빌 하이벨스 목사님은 개척 초기에 교회가 급속도로 부흥하면서 해야 할 일이 산더미처럼 밀려오자 잠시도 쉴 틈 없이 일하셨다고 합니다. 그러다 보니 점점 가정에 소홀해졌는데 어느 날 사모님이 너무 섭섭해하며 같이 대화하고 싶다고 요청했을 때 목사님은 다음과 같은 말을 하셨다고 합니다.

"이 세상의 절반이 지옥으로 가고 있는데 당신은 날더러 집에서 당신 손이나 잡고 있으라는 거요? 농담으로라도 그런 말을 하다니! 당신이 정말로 그리스도인이요? 어떻게 죄에 빠진 영혼을 구원해야 할 사명을 받은 사람을 방해할 수 있소? 당신은 그 사람들이 불쌍하지도 않소?"[4]

언뜻 듣기에는 무척 경건한 말인 것 같아 보입니다. 죽어 가는 영혼에 대한 불타는 열정도 대단해 보입니다. 그러나 비록 우리가 하나님의 일을 열심히 한다고 하더라도 너무 지나치게 일에 몰두하는 것은 일을 우상화하는 것입니다. 성경에 보면 하나님께서는 일을 하시고 안식하셨습니다. 일하라는 것도 하나님의 명령이지만 안식하라고 하는 것도 하나님의 명령입니다. 그러므로 그리스도인은 일할 때와 쉴 때를 구별할 줄 알아야 합니다. 특히 일주일 중 하루는 꼭 구별하여 휴식을 취하고 하나님 앞에 나와 예배드리는 시간을 가져야 합니다.

2) 자아실현

일이 주는 또 하나의 축복은 일을 통해 자신의 삶의 의미를 발견할 수 있고 자아실현을 할 수 있다는 것입니다. 물론 우리가 하는 모든 일이 언제나 만족스러운 것은 아닙니다. 미국 뉴욕의 로버트하프인터내셔널(Robert Half International) 회사가 실시한 설문조사에 따르면 미국인 4명 중 1명은 직장생활이 행

복하지 못하다고 합니다.[5]

그러나 비록 이상과 현실에 괴리가 있을지라도 한 가지 확실한 것은 하나님께서 우리에게 주신 가능성을 극대화하는 가장 좋은 방법이 자신의 은사와 적성에 맞는 좋은 직장을 찾는 것이라는 점입니다. 직장은 하나님께서 각자에게 주신 가능성을 계발할 수 있는 최고의 현장입니다.

가령 가르치는 은사가 있는 사람이 있다고 합시다. 그 사람이 아무리 가르치고 싶어도 학생이 없으면 교사가 될 수 없습니다. 그러나 그에게 학교라는 직장이 주어지면 자신의 은사를 발휘할 수 있습니다. 또한 관리하고 경영하는 데 능력이 있는 사람이 있다고 합시다. 그런 사람은 자신에게 관리자의 직분이나 경영자의 자리가 주어질 때 능력을 마음껏 발휘할 수 있습니다.

그러나 여기에도 주의할 점이 있습니다. 그것은 자신의 직업이 궁극적으로 자신의 정체성을 확증하는 것이라고 생각하면 곤란하다는 것입니다. 즉, 우리가 직장생활에서만 오로지 자신의 행복과 만족을 찾으려고 한다면 불행해질 수도 있다는 말입니다. 왜냐하면 만약 그 사람이 실직하면 자신의 존재 의미를 찾는 것이 어려워지기 때문입니다.

스티브 졸리(Steve Jolley)는 다음과 같은 말을 했습니다. "우리는 직업이 아니라 그리스도 안에서 자신이 누구인지를 평가받아야 한다."[6] 그렇습니다. 우리는 부장이나 사장, 과장이기 이전에 예수 그리스도를 통해 하나님의 자녀가 된 사람들입니다. 성경은 "영접하는 자 곧 그 이름을 믿는 자들에게는 하나님의 자녀가 되는 권세를 주셨으니."요한복음 1장 12절라고 말씀합니다. 그러므로 직장에서 갖는 그 어떤 직함도 하나님의 자녀라고 하는 우리의 정체성을 넘어설 만큼 위대할 수 없습니다. 우리는 하나님 안에서 진정한 자존감을 찾아야 합니다. 만약 그리스도인이 자신이 하는 일에서만 자존감과 만족감을 찾으려 한다면 많은 문제가 발생합니다.

그렇게 되면 그 사람은 하나님 나라를 확장하는 데 열정을 기울이기보다는 사업 확장 계획에서 존재 가치를 느끼게 되고, 이웃 사람이 예수 그리스도를 영접하는 데 관심을 갖기보다는 자신의 판매 실적이 늘어나는 데 더 큰 희열을 느끼게 되며, 그리스도와 함께 부활한 사실에 감격하기보다는 연봉이 올랐다는 사실에 더 감격하게 될 것입니다.[7]

이것은 교회에서도 마찬가지입니다. 교회에서 어떤 사람을 평가할 때 그 사람이 사회에서 갖고 있는 타이틀이나 연봉 서열에 의해 그 사람을 평가해서는 안 됩니다. 오히려 그 사람이 주님 앞에서 얼마나 진실한 신앙을 갖고 있고, 얼마나 신실하게 주님과 교회를 섬기고 있는지를 기준으로 그 사람을 평가해야 합니다.

3) 하나님의 사명 성취

세 번째로 직업이 중요한 또 한 가지 이유가 있습니다. 그것은 바로 직업이 하나님의 사명을 이루는 데 도움을 주기 때문입니다. 물론 직업이 생계유지에 꼭 필요한 것은 사실입니다. 그러나 직업에는 그 이상의 의미가 있습니다. 청교도들의 특징은 인생의 모든 면을 하나님과 연관시켜 가치를 찾았다는 사실입니다. 그래서 그들은 직업을 '천직'이라고 부르며 소중하게 여겼습니다.

오늘날 21세기 소비 중심의 사회에서는 일을 물질적인 차원으로만 생각하는 경향이 있습니다. 그래서 한 주 동안 열심히 일하는 이유가 주말에 마음껏 즐기고 놀기 위해서, 1년 동안 열심히 일하는 이유가 휴가 가서 마음껏 즐기기 위해서 그리고 평생 열심히 일하는 이유가 노년에 편안하고 안락한 노후 생활을 누리기 위해서라고 생각하는 경향이 있습니다.

이렇게 우리가 하는 일을 실용주의적이고 이기주의적인 개념으로만 인식하다 보면 직업에 대한 하나님의 부르심과 가치를 잃어버리는 경우가 많습니다. 그리고 그 결과는 허무입니다. 전설적인 자동차 제조업자인 리 아이아코카(Lee Iacocca)는 그의 자서전에서 다음과 같이 기록합니다. "나는 내 인생의 황혼기를 보내고 있는 중이다. 그리고 여전히 인생이 무엇을 위한 것인지를 궁금해하고 있다…내가 말할 수 있는 것은 명성과 행운이 하찮다는 사실뿐이다."[8]

직업을 갖는 이유가 그저 잘 먹고 잘 살고 다른 사람에게 인정받기 위해서라고 한다면 결국 여러분은 허무함을 느끼게 될 것입니다. 우리가 직업을 갖는 것은 단순히 먹고 사는 문제를 해결하는 것이 아니라 하나님의 세계 경영에 동참하는 것이기 때문입니다.

하나님은 지금도 이 세상을 다스리고 계십니다. 그리고 인간에게도 이 세상을 다스리라는 명령을 주셨습니다. 하나님은 혼자 이 세상을 다스리실 능력이 충분히 있음에도 불구하고, 감사하게도 인간을 선택하셔서 인간들에게 하나님의 세계 경영에 참여하도록 초청하셨습니다. 이것은 하나님의 크신 은혜입니다. 인간이 직업을 갖고 일한다는 것은 이러한 하나님의 세계 경영에 동참한다는 의미입니다. 그런 자세로 일할 때 우리는 하나님과 동역자가 될 수 있습니다.

이런 이야기가 있습니다. 가구를 만들어 파는 가게에 어떤 손님이 들어왔습니다. 그 가게의 가구들은 모두 튼튼하고 멋져 보였습니다. 손님은 가게 한 켠에서 열심히 대패질을 하고 있는 목수에게 이곳에서 일하는 사람이 모두 몇 명인지를 물어보았습니다. 그러자 "둘이요."라고 목수가 대답했습니다. 손님은 또 다른 사람이 있나 싶어 둘러보았습니다. 그러자 목수는 웃으며 "하나님과 내가 여기서 일하지요. 하나님은 나무를 만드시고, 나는 침대를 만들어요."라고 대답했습니다.

이렇게 자신의 직업을 통해 하나님의 일하심을 드러낼 수 있다면 얼마나 멋진 일이겠습니까? 그런데 그렇게 하려면 우리는 삶의 자리에서 최선을 다해야 합니다. 내가 학생이라면 공부하는 일에 최선을 다해야 하고, 내가 가구를 만드는 사람이라면 최고로 멋지고 튼튼한 가구를 만들 수 있도록 최선을 다해야 합니다. 그럴 때 나의 일상의 삶이 하나님께 드려지는 산 제사요, 살아 있는 예배가 될 수 있습니다.

이런 마음의 자세로 일한다면 비록 청소하는 일이라도 그 의미가 달라질 것입니다. 청소하는 일을 다른 사람이 버린 쓰레기와 오물을 치우는 일로 생각하지 않고, 하나님께서 만드신 지구의 한구석을 깨끗하게 치우는 책임을 맡았다고 생각한다면 이 일이 얼마나 귀한 일이 되겠습니까?

성경은 이런 자세로 일해야 한다는 것을 누누이 강조합니다.

"종들아 모든 일에 육신의 상전들에게 순종하되 사람을 기쁘게 하는 자와 같이 눈가림만 하지 말고 오직 주를 두려워하여 성실한 마음으로 하라 무슨 일을 하든지 마음을 다하여 주께 하듯 하고 사람에게 하듯 하지 말라."골로새서 3장 22-23절

이 말씀은 바울이 당시 노예들에게 한 말입니다. 당시 노예들은 얼마나 고된 일을 하고 또 주인에게 얼마나 부당한 대우를 받았겠습니까? 그런데도 바울은 그들에게 주님을 섬기는 마음으로 자신에게 맡겨진 일에 최선을 다하라고 말합니다. 이얼마나 대단한 믿음입니까? 우리가 이 세상에서 하는 모든 일을 이런 마음으로 하면 분명히 하나님께서 영광받으실 것입니다.

이 본문을 보면 생각나는 시가 있습니다. 바로 17세기의 시인 조지 허버트(George Herbert)가 남긴 시입니다. 그는 다음과 같은 멋진 시구를 남겼습니다.

"나의 하나님, 나의 왕이시여 / 모든 일 안에서 당신을 볼 수 있도록 / 나를 가르치소서 / 또 내가 무슨 일을 하든 / 당신을 위해 하듯 하게 하소서."[9]

우리가 맡은 자리에서 최선을 다하는 삶을 살지 않으면 하나님의 영광이 가려지고 다른 사람들에게 피해가 돌아갑니다. 그리스도인들에게 직장이란 자신의 일과 삶을 통해 하나님을 증거하고 드러낼 수 있는 기회를 제공받는 사역지입니다. 그러므로 이 기회를 부담스럽게 생각하기보다는 놀라운 특권이라고 여기며 최대한 선용해야 합니다. 그러기 위해서는 각자 자신의 삶의 자리에서 하는 일을 통해 그리스도의 사랑을 드러내야 합니다.

18세기 청교도 목사였던 코튼 매더(Cotton Mather)는, "그리스도인은 어떤 일에 종사하는가뿐 아니라 어떻게 종사하느냐에 관해서도 신뢰를 얻어야 한다. 그리스도인이 직업을 갖고 있다는 것만으로는 충분하지 않다. 그 직업을 그리스도인답게 수행하는 일에 마음을 써야 한다."[10]라고 말했습니다.

19세기의 위대한 개척 선교사였던 허드슨 테일러는 "개와 고양이 테스트"라는 것을 제안했습니다. 그 내용은 다음과 같습니다. "만일 당신의 아버지와 어머니, 형제와 자매, 당신 집에 있는 개와 고양이가 당신이 그리스도인이기 때문에 더 행복하지 않다면, 당신이 진정한 신자인지가 의심스럽다."[11] 정말 뼈가 있는 말이고 우리 모두가 새겨들어야 할 말입니다.

우리가 그리스도인이라면 나와 함께 일하는 직장 동료들도 내가 그리스도를 믿음으로써 더 나은 사람이 되었다는 사실을 체험하고 느낄 수 있도록 해야 합니다. 그렇게 될 때 여러분이 몸담고 있는 직장은 단순한 돈벌이나 자아성취의 자리가 아니라 하나님의 뜻을 이루고 영혼을 구원하는 선교지가 될 수 있습니다.

3. 성속 이원론적 사고

성경을 보면 세 가지의 중요한 부르심이 있다는 것을 알 수 있습니다. 먼저는 구원으로의 부르심입니다. 이것은 우리를 세상에서 불러내어 구원을 주시고 하나님의 공동체에 속하게 하는 부르심입니다. 다음과 같은 말씀이 그것을 뒷받침합니다.

"고린도에 있는 하나님의 교회 곧 그리스도 예수 안에서 거룩하여지고 성도라 부르심을 받은 자들과 또 각처에서 우리의 주 곧 그들과 우리의 주 되신 예수 그리스도의 이름을 부르는 모든 자들에게." 고린도전서 1장 2절

또한 거룩에의 부르심이 있습니다. 하나님은 자신이 거룩하

시기에 우리를 거룩하게 살도록 초청하십니다.

"너는 이스라엘 자손의 온 회중에게 말하여 이르라 너희는 거룩하라 이는 나 여호와 너희 하나님이 거룩함이니라."레위기 19장 2절

마지막으로 사역으로의 부르심입니다. "예수 그리스도의 종 바울은 사도로 부르심을 받아 하나님의 복음을 위하여 택정함을 입었으니."로마서 1장 1절 그런데 여기서 중요한 것은 사역으로의 부르심은 단순히 성직자들에게만 해당하는 이야기가 아니라는 사실입니다.

사실상 모든 성도는 하나님의 백성으로 일하도록 부르심을 받았습니다. 어떤 사람은 목회자나 선교사로 일하도록, 어떤 사람은 각자의 은사에 따라 세상에서 일하면서 하나님의 나라를 섬기도록 부름받았습니다. 이 둘 사이에 구별은 존재하지만 차별은 존재하지 않습니다.¹²

직업을 뜻하는 영어 단어가 여러 개 있는데 그중에 'vocation'이라는 단어가 있습니다. 그런데 이 말은 '부르심'을 뜻하는 라틴어 'vocatio'에서 온 단어입니다.¹³ 그러므로 주님을 신실하게 믿는 그리스도인이라면 자신의 직업이 하나님께로부터

왔음을 기억해야 합니다.

이 사실을 분명하게 말씀해 주는 성경구절이 바로 베드로전서입니다.

> "그러나 너희는 택하신 족속이요 왕 같은 제사장들이요 거룩한 나라요 그의 소유가 된 백성이니 이는 너희를 어두운 데서 불러 내어 그의 기이한 빛에 들어가게 하신 이의 아름다운 덕을 선포하게 하려 하심이라." 베드로전서 2장 9절

여러분은 모두 택하신 족속이고 왕 같은 제사장입니다. 그리고 모두 하나님의 아름다운 덕을 이 세상에 전하기 위해 부름받은 사람들입니다. 이러한 사실을 알게 되면 직업에 대한 귀천 의식이 사라집니다. 윌리엄 틴데일(William Tyndale)은 "세상적인 관점에서 볼 때 접시를 닦는 일과 하나님의 말씀을 전파하는 일에는 차이가 있지만, 하나님을 기쁘게 한다는 관점에서 보면 모두가 동일하다."[14]라고 했습니다.

우리는 보통 주의 일과 세상 일로 일을 구분하는데 사실은 주의 일은 일의 종류에 있는 것이 아니라 어떤 동기와 자세로 일하는가에 달려 있다는 사실을 알아야 합니다. 가령 누군가는 예배를 열심히 드리지만 그것이 주의 일이 아닐 수 있습니

다. 구약의 이스라엘 백성은 열심히 예배를 드렸지만 하나님께서는 그 예배를 받지 않으셨습니다. 또한 바리새인들의 기도도 사람에게 보이려고 한 것이기에 종교적인 행위는 되었지만 주의 일이라고 할 수는 없었습니다.[15]

그러나 우리가 하나님의 영광을 위해서 하면 모든 일이 주의 일이 됩니다. 오늘날 많은 사람들이 교회에서 하는 사역은 거룩한 성직이고 세상에서 하는 일은 세속적이라고 생각하는 것은 그리스 로마 철학에서 영향을 받은 것입니다. 특별히 그리스 철학자인 플라톤은 물질 세계는 영적 세계의 그림자라고 보았고, 여기에 영향을 받은 당시 사람들은 몸으로 하는 노동은 모두 천한 것으로 여겼습니다.

이러한 이원론적인 사상에 영향을 받아서 초기 기독교에 영지주의라는 이단이 나오게 되었는데, 이들의 사상이 나중에는 알게 모르게 주류 기독교 사상에 스며들었습니다. 그중에서는 수도생활의 발달이 그 대표적인 예입니다. 세상의 직업을 떠나 조용한 수도원에 들어가 영성을 추구하는 수도사들이나 교회를 섬기는 성직자들은 일류 신자로 인정받았고, 세상 속에 들어가 세속의 직업에 몸담고 열심히 일하는 성도들은 평신도라고 해서 이류 신자, 열등 신자 취급을 받았습니다.

그러나 이것은 전혀 성경적인 사상이 아닙니다. 주님도 친히 인간의 몸으로 오셔서 목수의 일을 하셨습니다. 하나님은 우리가 세상 속에서 몸으로 하는 일들을 결코 천하게 보시지 않습니다. 주님의 이름으로 한다면 우리가 하는 모든 일들이 거룩한 성직입니다. 앨리스터 맥그래스(Alister McGrath)는 그의 저서 『종교개혁사상』(기독교문서선교회 역간)에서 다음과 같이 말합니다.

"종교개혁은 (일터에서의 이원론적) 태도를 단호히, 그리고 완전히 바꾸어 놓았다. 이 같은 태도의 변화를 이해하려면 마르틴 루터가 사용한 독일어 '베루프'(Beruf, 소명)라는 단어를 생각해 봐야 한다. 중세 시대에 베루프는 수도사나 성직자의 소명을 의미했다. 즉 이는 전문적 교회 사역 기능을 뜻하는 단어였다. 루터는 세상의 직업을 표현하는 데 동일한 단어를 사용했다. 루터는 일상 활동을 언급하는 데 베루프라는 단어를 사용함으로써 수도사라는 직업을 대할 때의 종교적 진지함을 세상에서 이루어지는 활동에 적용했다. 다만 세상에서 일하는 사람은 세상에서 나름의 특정한 방식으로 하나님을 섬기라고 부르심받았을 뿐이다."[16]

이 세상에 전문적인 일꾼들이 있다는 사실이 얼마나 축복입니까? 가령 여러분이 이사를 가서 도배를 해야 한다고 생각해 봅시다. 돈을 조금 아끼기 위해 부부가 직접 벽지를 사서 도배한다면 아마 시간이 오래 걸릴 것이고, 도배를 하고 나서 목이 뻣뻣하다든가 어깨가 아프다든가 하는 문제가 생길 것입니다. 아니면 도배를 끝내고 난 뒤에 도배한 부분에 문제가 생길 수 있습니다. 혹은 이런 일로 부부싸움이 일어날 수도 있습니다. 그러므로 이런 일들을 전문적으로 해 주는 사람이 있다는 사실이 얼마나 감사합니까?

그 외에도 안전하게 먹거리를 가져와서 판매하는 마켓에서 종사하는 분들, 신발을 만들어 주는 분들, 배고플 때 맛있는 음식을 제공해 주는 식당 종사자 분들, 옷을 안전하게 세탁해 주고 다려 주는 세탁소 분들, 대중교통을 운행하는 기사 분들 등 고마운 분이 정말 많습니다. 이들은 모두 하나님의 거룩한 일을 하고 있는 분들입니다.

우리 모두는 각자의 위치에서 부르심을 받았습니다. 어떤 사람은 학생으로, 어떤 사람은 가정주부로 또 어떤 사람은 회사원이나 사업가로 부름받았습니다. 그 자리가 어떤 자리이든지 우리가 하나님이 부르신 그 자리를 잘 지키고 있으면 그 가운데서 하나님의 역사를 이루는 통로로 사용될 수 있습니다.

구약성경 열왕기하 5장에 보면 아람의 나아만 장군의 집에 종으로 잡혀 와 있던 어린 이스라엘 계집종의 이야기가 나옵니다. 여러분이 그 계집종이었으면 어떻게 했겠습니까? 남의 나라에 잡혀 와 종살이하게 된 것에 대해 신세한탄만 하고 있었을 것입니다. 그러나 그 계집종은 비록 비천한 신분이었지만 자신의 자리를 잘 지켰습니다.

그리하여 그의 주인 나아만이 나병에 걸렸을 때 그에게 이스라엘의 엘리사를 소개하여 그로 하여금 나병을 고침받고 하나님을 믿게 했습니다. 이렇게 자신이 부르심을 받은 자리에서 최선을 다하다 보면 하나님의 거룩한 사명을 이루는 일에 쓰임받을 수 있습니다.

막심 고리끼(Maxim Gorky)는 이런 말을 했습니다. "일이 즐거울 때 인생은 기쁨이 되고 일이 의무일 때 인생은 노예가 된다." 우리가 노예처럼 살지 않기 위해서는 우리가 하는 일에서 즐거움과 기쁨을 느껴야 합니다. 이 세상에서 쉬운 삶을 살고 있는 사람은 아무도 없습니다. 아담의 타락 이후에 인간의 노동은 고통과 수고가 따르는 것이 되었습니다. 그러나 그럼에도 불구하고 우리의 일 속에는 하나님의 계획과 섭리가 있기에 자신이 하는 일을 통해 하나님께 영광 돌릴 수 있습니다.

일반적으로 대학을 졸업하고 취직하면 사람들은 대부분의 시간을 직장에서 보냅니다. 그런데 몸담고 있는 직장이 괴롭고 고통스러운 곳이 된다면 그 인생이 얼마나 불행하겠습니까? 그러므로 우리는 삶의 자리에서 하나님의 뜻과 섭리를 발견할 수 있어야 합니다.

"우리 삶의 주 목적은 우리가 소명받은 일을 하면서
다른 사람과 하나님을 섬기는 것이다."

_윌리엄 퍼킨즈

••• Why not Change the World!

"하나님의 대학"이라고 자부하는 한동대학교는 다음과 같은 모토를 갖고 있습니다. "Why not Change the World!" 번역하면 '세상을 바꾸자'라는 뜻입니다. 신입생들이 학교에 입학하면 가장 먼저 이 말을 듣게 되는데 이로 인해 그들은 벅찬 가슴으로 학교생활을 시작하게 됩니다.

그렇다면 어떻게(How) 해야 세상을 바꿀 수 있을까요? 여러 방법이 있겠지만 그중 가장 효과적인 방법은 세상 속으로 들어가서 몸담고 일하는 일터를 통해, 즉 자신의 직업을 통해 세상에 영향력을 미치는 것입니다.

여기에 대한 아주 좋은 실례가 있습니다. 한동대학교 출신의 기업인 한 명이 조용하게 기업 문화를 바꾸고 있습니다. 우리가 보통 직장이라고 하면 따분하고, 출근하기 싫고, 죽도록 일해도 월급은 얼마 받지 못하는 그런 곳이라고 생각합니다. 그래서 월요일만 되면 월요병이 생겨 몸살을 앓는 경우가 많습니다.

그런데 직장의 문화가 전혀 그렇지 않은 곳이 있다면 믿으시겠습니까? 바로 안준희 대표가 이끄는 "핸드스튜디오"입니다.

이 회사는 2010년 2월에 창업, 스마트 TV 애플리케이션 전문기업으로 시작하여 현재 200여 개 애플리케이션을 56개국 언어로 156개국에 서비스하고 있으며, 창업 3년 만에 매출액 30억을 돌파했습니다.

그런데 이 회사의 놀라운 점은 매출의 80퍼센트를 직원 급여와 복지에 사용한다는 것입니다. 그것은 안 대표가 회사를 창업할 때부터 자신이 근무하는 직장을 '파라다이스'로 만들고자 결심하고 기업을 시작했기 때문입니다. 그는 늘 '지금 우리 직원들이 행복한가?', '지금 나는 행복한가?'를 생각하며 기업을 운영합니다.

그 결과 아직까지 30대 초반의 청년 CEO임에도 불구하고 그가 이끄는 기업 문화는 한마디로 파격적입니다. 휴가나 월차를 쓰지 않더라도 직원들은 언제든지 개인 일을 할 수 있고, 공식적으로 1년에 20일 유급휴가가 주어집니다. 또한 유급휴가를 제외하고도 한 달에 하루는 자신의 미래를 위해 사용할 수 있는데 '30년 뒤의 장래희망'을 위해 자신을 계발할 수 있도록 시간과 비용을 회사가 후원해 줍니다.

또한 혼자 서울에 올라와서 자취하는 직원들을 위해 회사 내에 빵과 시리얼, 음료를 늘 넉넉히 준비해 두고 있으며, 분기별로 회사에서 옷을 사 주기도 합니다. 1인당 20만 원 정도로 책정하여 직원들이 백화점에 가서 자신이 마음에 드는 옷을 고르면 법인카드로 계산해 줍니다. 직원들은 회사에 돌아와서는 그 옷을 입고 패션쇼를 하고, 그 패션쇼에서 1등을 하면 백화점 상품권을 줍니다.

또한 한 달에 하루는 모든 일을 제쳐 두고 전 직원이 함께 외출합니다. 이때는 같이 영화를 보기도 하고, 한강에서 자전거를 타기도 합니다. 그뿐 아니라 매주 목요일 오후 2시가 되면 모든 구성원이 온라인 게임을 함께합니다. 1등을 하는 팀에게는 매주 푸짐한 상품이 지급됩니다. 회사에서 점심, 저녁 식사는 물론 커피도 무상으로 제공하며, 직원들이 결혼하면 천만 원의 결혼축의금을 줍니다. 이미 결혼한 직원들이 자녀를 출산했을 때도 천만 원을 지급합니다. 물론 사내 커플이 결혼하면 두 배인 2천만 원을 줍니다.[17]

또한 매년 송년회는 서울의 유명호텔에서 직원들과 그들의 부모님을 모셔서 진행합니다. 해외에 있는 부모님에게는 항공권까지 보내 줍니다. 1박 2일 동안 호텔에서 부모님과 함께 보내면서 효도할 수 있는 기회를 회사가 마련해 주는 것입니다.

이 기간 동안 부모님들은 회사의 배려에 큰 감동을 하고 자녀들은 자신이 다니는 회사에 대한 엄청난 자부심을 갖게 됩니다.

그뿐 아니라 모든 직원은 각자 형편이 어려운 국내 아동 한 명을 후원하는 약속을 회사와 해야 합니다. 물론 직원들은 마음으로 아동을 후원하고, 이에 필요한 돈은 회사가 대신 부담합니다. 그리고 모든 직원은 학력이나 경력으로 차별받거나 평가되지 않으며, 역량만이 평가 기준이 되고 모두가 공평한 기회를 갖습니다.

핸드스튜디어가 이렇게 직원 복지에 투자할 수 있는 이유는 대표이사나 지분을 가진 이들이 배당금 수익에 욕심을 내지 않기 때문입니다. 기업의 대표부터 회사의 남는 이익을 모두 직원에게 돌려 준다는 생각으로 회사를 운영하기에 이런 복지가 가능한 것입니다. 안준희 대표가 생각하는 '좋은 회사'의 기준은 '분배의 공정함'입니다. 그래서 이 회사는 1년에 두 번, 전 직원의 성과를 평가해서 이익금을 나누는데 때로는 직급이 낮은 직원이 높은 직원보다 훨씬 많은 돈을 받는 경우도 있습니다.

사람들은 이 회사의 복지 정책을 들으면 회사가 너무 많은 손해를 보면서 기업을 운영하는 것이 아닌가 하는 생각을 하기도 합니다. 그러나 이렇게 회사에서 적극적으로 복지를 장려하니까 장기적으로는 회사에 더 큰 유익을 가져왔습니다. 벤처 회사는 사람이 중요한 자원인데 이렇게 복지가 좋으니 더 좋은 스펙과 가치관을 가진 인재가 몰려드는 것입니다. 그래서 상대적으로 작은 기업인데도 불구하고 이 회사가 사원을 모집하면 채용 경쟁률이 200대 1까지 올라간다고 합니다.

이 얼마나 놀라운 이야기입니까? 오늘날 한국 사회에 이런 기업이 있고, 이런 식으로 기업을 운영해도 회사가 유지될 뿐만 아니라 계속적으로 더 발전할 수 있다는 사실은 오늘날 우리나라의 기업가에게 큰 도전이 됩니다.(실제로 2013년 6월 여의도에서 굿컴퍼니의 필요성을 주제로 한 대규모의 컨퍼런스가 열렸는데 그 사례로 국내에서는 두 개의 기업이 선정되었습니다. 그중 하나가 포스코였고, 다른 하나가 핸드스튜디오였습니다.)

성경에서 가르쳐 주는 이웃 사랑의 원리를 가장 가까운 직원들에게 먼저 실천하니, 이들이 모인 회사가 자연히 작은 천국이 된 것입니다. 안준희 대표의 이와 같은 기업운영 모습은 우리가 직장과 같은 삶의 현장에서 어떻게 하면 하나님의 뜻을 이루어 나갈 수 있을 것인지에 대한 좋은 모범을 보여 줍니다. 이런 사람들이 한 사람 한 사람 모이면 세상이 변화될 수 있습니다.

9장

청년과 비전

비전은 만드는 것이
아니고 받는 것이다

하나님의 약속은 별과 같다.
어두울수록 별은 더 밝게 빛난다.

_데이비드 니콜라스

1. 비전의 중요성

여러분 가운데 퍼즐 맞추기를 해 보신 분들이 있으십니까? 쉬운 퍼즐은 어느 정도 정신을 집중해서 맞추면 금방 맞출 수 있는데 어려운 퍼즐은 맞추기가 정말 힘듭니다. 특별히 수많은 조각들로 이루어진 퍼즐은 정말 맞추기가 쉽지 않습니다. 어떤 퍼즐은 4,000조각이 넘는 퍼즐도 있습니다. 이런 퍼즐은 맞추었다가 흩었다가 하지 않고 보통 다 맞추고 나면 액자에 넣어 벽에 걸어 둡니다.

수많은 퍼즐 조각을 잘 맞추는 방법은 퍼즐 전체의 그림을 머릿속에 넣고 맞추는 것입니다. 즉 퍼즐 전체가 완성되었을 때 만들어질 그림을 미리 머릿속에서 생각하며 퍼즐을 맞추면 가장 효과적으로 잘 맞출 수 있습니다.

인생도 마찬가지입니다. 우리의 인생이 여러 가지 사건들로 이루어진 퍼즐 조각이라고 볼 때 이 퍼즐에도 큰 그림이 있습니다. 저는 이 그림을 '비전'이라는 단어로 표현하고 싶습니다. 이 비전이라는 것은 하나님께서 나의 삶을 통해 최종적으로 이루고자 하시는 큰 그림입니다. 우리에게 이에 대한 분명한 확신이 있으면 자신이 어디로 가야 할지를 알 수 있습니다. 그렇게 되면 헤매는 인생, 목적 없이 방황하는 인생이 되지 않습니다.

『이기는 습관』(쌤앤파커스, 2009)이라는 책을 써서 유명해진 위닝경영연구소의 소장 전옥표 씨는 그의 책『빅 픽처를 그려라』(비즈니스 북스, 2013)에서 인생에서 큰 그림을 보는 것의 중요성을 다음과 같이 말합니다. "빅 픽처는 자신의 존재 이유와 만나는 것이다…무엇을 성취하고 갖겠다는 '소유'의 개념이 아니라 자신의 원래 목적에 맞게 서 있는 '존재'의 개념에 가깝다. 빅 픽처를 그린 사람들은 타고난 재능에 가장 적합한 그림을 그리고, 그 영역에서 자신이 지닌 모든 열정을 불태운다."[1]

그렇습니다. 빅 픽처가 분명한 사람만이 자신이 무엇을 위해 살아야 할지를 분명히 알 수 있습니다. 그렇게 되면 그 사람은 목표를 향해 분명하게 달려갈 수 있습니다. 그러나 큰 그림이 없는 사람은 우왕좌왕하고 갈팡질팡하며 인생을 낭비하게 됩니다.

여러분은 하버드대학교의 명성을 잘 알고 계실 것입니다. 하버드대학교라면 미국 최고의 명문 대학교입니다. 모든 사람이 가고 싶어 하는 최고의 대학교이지만 입학하는 것이 결코 쉽지 않기 때문에 이 학교에 들어가기만 해도 그것은 가문의 영광입니다.

그런데 참 놀라운 사실이 있습니다. 상당히 많은 숫자의 한국인 학생들이 매년 하버드대학교에 힘들게 들어가지만 그 가운데 제대로 졸업하지 못하고 중도에 낙제하는 한국 학생들의 비율이 무려 40퍼센트나 된다는 것입니다. 그래서 심지어는 하버드에서 낙제하는 동양계 학생들 10명 중에 9명이 코리언이라는 통계가 있을 정도입니다.

이런 현상에 대해 하버드 교육위원회에서는 그 원인을 찾기 시작했습니다. 그리고 꽤 오랫동안 조사하고 난 후 그 결과를 다음과 같이 발표했습니다. "그들에게는 장기적인 인생 목표가 없었다."[2]

무슨 뜻입니까? 이것은 한국의 교육 풍토와 큰 관련이 있습니다. 한국은 입시 위주의 교육입니다. 따라서 많은 학생들이 '명문 대학교에 들어가는 것' 자체를 목적으로 삼고 공부하는 경우가 많습니다. 그러다 보니 그들에게 단기적인 목표는 있지만 장차 학교를 졸업한 뒤 '무엇을 위해 어떻게 살아야겠다'고 하는 목표가 없기에 어렵게 대학을 들어가도 결국 방황하다가 낙제생 신세로 떨어지는 것입니다.

이러한 것을 보면 인생 전체를 조망해 주는 분명한 큰 그림이 있는 것이 얼마나 중요한지를 알 수 있습니다. 이것을 전옥표 씨는 "빅 픽처"라고 표현했지만 저는 '비전'이라는 단어로 표현하고 싶습니다. 우리의 인생이 진정으로 성공적인 인생이 되려면 자신의 인생 전체를 관통하는 비전이 있어야 합니다. 그리고 이 비전이 하나님께로부터 나온 비전이라면 더 바랄 나위가 없습니다.

성경에서는 성령받은 사람의 특징을 하나님께로부터 오는 비전을 받은 사람으로 말씀합니다. "하나님이 말씀하시기를 말세에 내가 내 영을 모든 육체에 부어 주리니 너희의 자녀들은 예언할 것이요 너희의 젊은이들은 환상을 보고 너희의 늙은이들은 꿈을 꾸리라."사도행전 2장 17절

이 말씀에서 젊은이들은 환상을 본다고 이야기합니다. 여기서 환상이라는 단어를 NIV 성경으로 찾아보면 비전이라고 되어 있습니다.(your young men will see visions.) 이렇게 성령충만 받은 젊은 그리스도인들의 특징은 비전을 보게 되는 것입니다. 즉 하나님께서 자신의 인생에서 어떤 그림을 그리고 계시는지

를 미리 보아 알게 된다는 것입니다.

2. 야망과 비전의 구분

오늘날 사람들의 문제는 '비전'이라는 단어를 너무 남용한다는 것입니다. 수많은 자기계발서와 리더십 이야기에 비전이라는 단어가 많이 등장합니다. 그런데 그 내용을 자세히 살펴보면 자신의 세속적인 야망을 비전이라는 거창한 단어로 포장하는 경우가 많습니다.

더 큰 문제는 우리 기독교인들조차도 비전이 너무 세속화되어 세상사람들이 추구하는 방식으로 비전을 추구하고 따라가는 경우가 많다는 것입니다. 그러나 그것은 하나님께서 주신 비전이라기보다는 개인의 야망인 경우가 많습니다. 성경은 우리에게 세속적인 야망을 추구하지 말라고 합니다.

예레미야의 말씀입니다. "네가 너를 위하여 큰 일을 찾느냐 그것을 찾지 말라."^{예레미야 45장 5절} 하나님은 우리에게 자신을 위해 대사를 경영하지 말라고 하십니다. 그렇다면 하나님께서는 아예 비전을 추구하지 말라고 하시는 것인가요? 물론 그렇지는 않습니다.

예수님께서는 이 부분에 대해 명확하게 이야기해 주셨습니다. "그런즉 너희는 먼저 그의 나라와 그의 의를 구하라 그리하면 이 모든 것을 너희에게 더하시리라." _{마태복음 6장 33절} 그렇습니다. 우리의 비전이 세속화되지 않고 개인의 야망으로 치우치지 않는 방법은 우리의 비전을 하나님의 비전에 맞추는 것입니다. 하나님은 이 땅에 하나님의 나라를 이루기 원하십니다. 하나님께서는 이 땅에 하나님의 공의를 세우기 원하십니다. 그러므로 먼저 하나님의 나라와 의를 구할 때 하나님께서는 그것을 기뻐하시고 우리 개인에게 맞는 하나님으로부터 오는 진정한 비전을 주실 것입니다.

로버트 프리츠(Robert Fritz)는 다음과 같은 말을 했습니다. "위대함이 있는 곳에는 사소함이 사라진다. 위대한 꿈이 없는 곳에는 사소한 것이 성행하게 된다."[3]

왜 오늘날 사람들은 인생을 이렇게 시시하게 살게 되는 걸까요? 그것은 그들에게 위대한 비전이 없기 때문입니다. 하나님께서 주시는 위대한 비전을 가슴에 품는 사람은 절대로 시시하게 살 수 없습니다.

성경에도 이와 비슷한 말씀이 나옵니다. "묵시가 없으면 백성이 방자히 행하거니와." _{잠언 29장 18절} 여기서 묵시라는 말이 영어로는 비전이라는 단어로 번역됩니다. 사람이 제대로 된 비전이 없으면 결국 엉망으로 살게 되고 망하는 길로 가게 된다는 말입니다.

그런데 여기서 중요한 것이 있습니다. 진정한 비전은 인간이 만들어 내는 것이 아니라 하나님께로부터 주어지는 것이라는 사실입니다. 그런 면에서 헨리 블랙커비(Henry Blackaby) 목사 님은 위의 본문의 "묵시가 없으면"이라는 말은 KJV의 영어 번 역인 "Where there is no vision"(비전이 없으면)이라는 말보다 NIV의 영어 번역인 "Where there is no revelation"(계시가 없으 면)이라는 말이 원어에 더 가까운 정확한 번역이라고 이야기합 니다.[4]

그렇습니다. 비전은 사람들이 만들어 내는 것이지만 계시는 하나님께로부터 주어지는 것입니다. 그런 면에서 진정한 비전 은 인간이 만들어 낸 어떤 생각이 아니라 하나님께로부터 주어 진 그런 계시적인 것입니다.

성경에서 바울도 그런 부분을 분명히 이야기합니다. 바울은 이방인들에게 대한 부담이 엄청 컸습니다. 그래서 그들을 위해 선교 여행을 여러 차례 하고, 마침내 그것 때문에 로마로 압송 되어 죽임당합니다. 그럼에도 그가 그토록 이방인들을 위해 목 숨을 걸고 복음을 전했던 이유는 그것이 그가 받은 비전이었기 때문입니다.

바울은 아그립바 왕 앞에서 이렇게 고백합니다. "아그립바 왕이여 그러므로 하늘에서 보이신 것을 내가 거스리지 아니하고."^{사도행전 26장 19절} 이 말이 영어로는 이렇게 되어 있습니다. "So then, King Agrippa, I was not disobedient to the vision from heaven."(NIV) 이 말씀은 하늘로부터 내려온 비전을 자신은 거역하지 못하겠다는 것입니다. 바울의 비전은 하늘로부터 내려온 것이었습니다. 그러므로 그는 그것을 거부할 수가 없었던 것입니다.

오늘날 사람들은 성공을 추구합니다. 그것을 인생의 목표로 삼고 달려갑니다. 그러나 그것이 인생의 최종 목표가 될 수는 없습니다. 하나님의 사람은 그것을 넘어서는 무엇인가가 있어야 합니다. 가령 누군가가 의사가 되고 싶다면 그가 왜 의사가 되어야 하는지, 의사가 되어서 무엇을 할 것인지를 반드시 물어보아야 합니다. 그렇지 않고 단순히 잘 먹고 잘 살기 위해 의사가 되고자 한다면 그것은 자신의 야망은 될지언정 하나님께서 주시는 비전은 될 수 없습니다. 왜 판사가 되어야 하는지, 왜 사업가가 되어서 돈을 많이 벌어야 하는지, 그것으로 무엇을 할 것인지에 대한 분명한 답을 갖고 있어야 합니다. 이 모든 것이 결국은 하나님의 나라와 의를 추구하기 위한 것이라는 분명한 큰 그림을 갖고 있지 않으면 우리는 어려움을 당하게 됩니다.

많은 사람들이 열심히 노력해서 인생에 성공합니다. 그러나 그렇게 성공해 놓고 결국에는 실패하는 인생이 됩니다. 그리스도인은 그렇게 되어서는 안 됩니다. 오히려 요셉과 같이 뭔가 인생에서 거창한 것을 성취하고 난 뒤에 그것으로 하나님의 일을 더 크게 하는 사람이 되어야 합니다. 그것이 바로 요셉이 '성공한 이후에 더 성공한 사람'[5]으로 일컬어지는 이유입니다.

자신의 야망 성취를 위해서가 아니라 하나님의 큰 비전을 위해 사는 사람을 세상사람들은 어리석다고 생각할 수 있습니다. 그러나 사실을 알게 되면 전혀 그렇지 않습니다. 브라이언 러셀(Bryon Russell)이 쓴 『선한 청지기로 살아가라』(디모데, 2009)라는 책에 보면 다음과 같은 이야기가 나옵니다.

"어떤 의대생이 우수한 성적으로 학사 학위를 받았습니다. 모든 친구들이 보기에 그의 앞날은 아주 창창했습니다. 계속 학위를 더 받으면 고소득 직장은 보장된 셈이었습니다. 그러나 그는 돌연 선교지로 가겠다고 말했습니다. 그의 말에 친구들은 깜짝 놀랐습니다. 그들은 그렇게 촉망되는 미래를 등지려는 그가 이상해 보여 이렇게 말했습니다. '하지만 그건 세상에서 성공하는 길이 아니잖아?' 그러나 그의 대답은 짧고도 반박할 수 없는 것이었습니다. '어떤 세상에서?'"[6]

그렇습니다. '어떤 세상'에서입니까? 지금 우리가 살고 있는 이 세상이 전부가 아님을 기억하시기 바랍니다. 우리는 이 땅에 살고 있지만 하나님 나라에 속한 하나님의 백성입니다. 그러므로 언젠가 이 땅을 떠날 때 하나님이 다스리는 저 세상에서 영원히 살게 될 것입니다. 그러므로 어디에서 인정받고 성공하는 것이 더 지혜로운 것입니까? 잠시 지나가는 이 땅에서입니까? 아니면 저 영원한 천국에서입니까? 이것은 우리 모두가 반드시 생각해 보아야 할 질문입니다.

3. 비전이 주어지는 방법

많은 젊은이들이 인생의 방향이 불분명해서 고민합니다. 특별히 자신들이 앞으로 무슨 일을 하면서 어떻게 살아가야 할지 알 수 없어서 괴로워합니다. 그러므로 우리에게 필요한 것은 하나님께서 주시는 비전입니다. 우리가 구체적으로 무엇을 통해 어떻게 하나님의 나라와 의를 구할 것인지를 하나님께서 알려 주시면 그보다 더 좋은 것은 없습니다. 그리스도인의 비전은 계시와 같기 때문에 하나님께로부터 주어지지만 하나님께서 비전을 주실 때 사용하시는 다양한 방법이 있습니다.

1) 하나님의 말씀을 통해

첫째로 하나님께서는 그분의 말씀을 통해 우리를 향한 당신의 뜻과 계획을 보여 주십니다. 구약을 보면 하나님께서는 선지자들에게 직접 임하셔서 당신의 말씀을 주셨습니다. 그리고 그들에게 비전을 보여 주셨습니다.

아브라함 같은 경우에는 하나님께서 직접 말씀으로 비전을 주셨습니다. "여호와께서 아브람에게 이르시되 너는 너의 고향과 친척과 아버지의 집을 떠나 내가 네게 보여 줄 땅으로 가라." 창세기 12장 1절 아브라함이 이 말씀에 순종했을 때 하나님께서는 그를 복의 근원으로 삼아 주셨습니다.

과거 구약 시대와는 달리 지금은 성경이 완성되었기에 하나님께서는 말씀으로 우리에게 자신의 뜻을 보여 주십니다. 그러므로 우리는 성경 읽기나 큐티, 혹은 설교 말씀을 통해 하나님의 인도하심을 받고자 노력해야 합니다.

김영길 총장님은 처음 한동대학교로 부르심을 받고 나서 그곳으로 가야 할지 망설이셨다고 합니다. 아무것도 보장되어 있지 않은 신설 대학교로 간다는 것이 선뜻 내키지 않았기 때문입니다. 그런 가운데 사모님과 주일 예배에 참석했습니다. 그런데 마침 강사 목사님이 "부르심과 순종"이라는 제목으로 아브라함이 하나님의 부르심을 받는 창세기 12장 1-4절 말씀으로 설교하시면서 하나님께서 우리에게 때때로 안전하고 편안한 곳을 떠나라는 명령을 주실 때도 있다고 도전하셨습니다.[7]

총장님 내외분은 그 말씀을 하나님께서 자신들에게 주시는 말씀으로 받고 한동대학교로 발걸음을 옮기게 되었습니다.

저 같은 경우에도 처음 예수님을 믿고 성경을 읽는데 다니엘서 12장 3절 말씀이 제 마음에 깊이 와 닿았습니다. "지혜 있는 자는 궁창의 빛과 같이 빛날 것이요 많은 사람을 옳은 데로 돌아오게 한 자는 별과 같이 영원토록 빛나리라." 다니엘 12장 3절

이 말씀을 읽으면서 저는 가슴이 뛰기 시작했습니다. 이 땅에서 스타가 되는 것이 아니라 하나님 나라에서 영원히 빛나는 별이 되는 것이 정말 중요하다는 사실을 깨달았습니다. 그래서 저는 제 비전을 "할 수 있는 모든 수단과 방법을 동원해서 최대한 많은 사람들에게 복음을 전하는 것"으로 삼았습니다. 제 비전이 분명해지자 그 후에 제가 무엇을 해야 할지가 분명해졌습니다.

제가 지금 목사가 된 것도, 한동대학교에서 학생들을 가르치는 것도, 책을 쓰고 강연을 다니는 것도 모두 이러한 비전을 이루기 위해 하는 일들입니다. 하나님께서는 이렇게 하나님의 말씀을 통해 우리에게 직접 말씀하십니다.

2) 꿈이나 환상을 통해

둘째로 하나님은 꿈이나 환상을 통해 비전을 주시기도 하십니다. 대표적인 경우가 바로 요셉입니다. 요셉의 경우는 꿈을 통해 하나님께서 장차 요셉을 어떻게 쓰실지 보여 주셨습니다. 요셉이 고난을 당하면서도 포기하지 않을 수 있었던 이유는 그가 젊을 때 하나님께로부터 받았던 꿈과 비전 때문이었습니다.

에스겔의 경우에는 환상을 통해 하나님께서 비전을 보여 주셨습니다. "서른째 해 넷째 달 초닷새에 내가 그발 강 가 사로잡힌 자 중에 있을 때에 하늘이 열리며 하나님의 모습이 내게 보이니 여호야긴 왕이 사로잡힌 지 오 년 그 달 초닷새라 갈대아 땅 그발 강 가에서 여호와의 말씀이 부시의 아들 제사장 나 에스겔에게 특별히 임하고 여호와의 권능이 내 위에 있으니라."에스겔 1장 1-3절

에스겔은 제사장이었습니다. 그런데 그는 사로잡힌 자 중에 있었기 때문에 제사장의 직무를 수행할 수 없었습니다. 그는 25세에 바벨론에 포로로 잡혀 와서 5년 동안이나 답답한 시간들을 보내고 있었습니다. 그가 그리던 조국에 돌아가서 제사장으로 하나님을 섬길 길은 요원해 보였습니다.

절망에 빠져 시름하는 그에게 하나님은 환상으로 나타나셨습니다. 그리고 그에게 다음과 같은 메시지를 주셨습니다. "내

게 이르시되 인자야 내가 너를 이스라엘 자손 곧 패역한 백성, 나를 배반하는 자에게 보내노라 그들과 그 조상들이 내게 범죄하여 오늘까지 이르렀나니 이 자손은 얼굴이 뻔뻔하고 마음이 굳은 자니라 내가 너를 그들에게 보내노니 너는 그들에게 이르기를 주 여호와의 말씀이 이러하시다 하라 그들은 패역한 족속이라 그들이 듣든지 아니 듣든지 그들 가운데에 선지자가 있음을 알지니라."에스겔 2장 3-5절

에스겔은 제사장 직무를 감당하지 못해 절망 가운데 있었지만 하나님께서는 그에게 더 놀라운 비전을 주셨습니다. 그것은 하나님께서 그를 택하셔서 이스라엘 백성들 가운데로 보내기를 원하신다는 것입니다. 즉 성전에서의 제사장이 아니라 백성들 사이에서의 선지자 역할을 하도록 부르신 것입니다.

이스라엘에는 제사장들이 얼마나 많았습니까? 그러므로 에스겔이 당시 제사장들 가운데 한 명으로 지냈다면 지금 우리는 그의 이름을 기억하지 못했을 것입니다. 그러나 그가 하나님의 특별한 메시지를 전할 선지자로 택함받았기에 그는 지금도 성경 역사에 기록된 찬란한 인물이 되었습니다.

혹 지금 여러분의 인생은 절망적입니까? 하지만 그럴 때일수록 하나님은 더 가까이 다가오십니다. 마치 밤하늘이 어두워질수록 별이 더욱 찬란하게 빛나는 것과 같습니다. 하나님의

비전은 캄캄하고 절망적일 때 주어집니다. 현실이 힘들고 어려울수록 하나님은 더욱 가까이 다가오셔서 우리가 생각하지도 못했던 새롭고 놀라운 길을 열어 보여 주십니다.

그러므로 인생이 아무리 힘들고 어렵다 하더라도 절망하지 말고, 나의 삶을 통한 하나님의 뜻과 비전이 무엇인지 알기 위해 더욱 몸부림치고 하나님께 매달리시기 바랍니다. 하나님은 우리 각자의 인생에 대한 분명한 계획이 있으십니다.

여러분은 복화술이라는 것에 대해 들어 보셨습니까? 복화술이라고 하면 한 사람이 인형을 갖고 나와 연극을 하면서 입술과 이를 놀리지 않고 전혀 다른 소리를 내서 그 인형이 말하는 것처럼 느끼게 하는 기술입니다. 이 기술을 자유자재로 구사할 수 있는 사람을 복화술사라고 합니다.

우리나라에서 가장 뛰어난 복화술사 중의 한 명이 바로 안재우 씨입니다. 그는 SBS "놀라운 대회 스타킹"에 나온 적도 있는 세계적인 복화술사로 여러 가지 귀한 공연을 통해 많은 사람들에게 웃음과 기쁨을 선사하고 있습니다. 특별히 그는 신학을 공부한 독실한 크리스천으로서 이 복화술을 하나님의 복음을 전하는 데도 아주 유용하게 사용하고 있습니다.

그런데 ≪갓피플≫ 매거진 2013년 6월에 나온 기사에 따르면 이분이 자신의 인생에 대한 비전을 언제 받았느냐 하면 고등학교 때 받았다고 합니다. 기도하고 있는데 갑자기 사진 한 장처럼 환상을 본 것입니다. 그 환상에서 그는 큰 인형을 오른손에 안고 앉아 있었습니다. 당시에는 인형으로 하는 공연을 본 적이 없었기에 자신이 뭔가 잘못 본 것이 아닌가 하고 깜짝 놀랐다고 합니다.

나중에 그가 복화술을 하게 되면서 그때 보았던 환상이 떠올랐다고 합니다. 그러면서 그것이 자신의 길이라고 확신하게 되었다는 것입니다. 이렇게 하나님은 꿈이나 환상을 통해 앞으로 우리가 어떤 사람이 되어 주님께 영광 돌릴 것인지를 미리 보여 주시기도 하십니다.

저는 대학교에 다닐 때 영어 성경공부를 통해 예수님을 만났습니다. 그리고 제가 만난 예수님을 전하고 싶어서 방학 때마다 단과대학의 빈 강의실을 빌려 후배들에게 영어를 가르치며 예수님을 열심히 전했습니다. 그런데 어느 무더운 여름방학에 도서관으로 향하고 있는데 갑자기 마음에 짜증이 일어났습니다. 그리고 이런 생각이 들었습니다. '내가 누구 때문에 이런 고생을 하고 있을까? 그 누구도 알아주지 않는데…. 이런 짓은 돈을 받고 하라 해도 더 이상은 못 하겠다.'

이러한 생각을 하고 있을 때, 갑자기 저는 눈앞에 우뚝 서 있던 도서관 건물의 맞은편 아스팔트 위에 거대한 십자가가 서 있는 환상을 보았습니다. 십자가에 누군가가 매달려 있었는데 그 십자가가 너무 높아서 그 위에 있는 분의 얼굴이 보이지 않았습니다. 그러나 저는 직감적으로 그분이 예수님인 것을 알 수 있었습니다. 십자가 위에 매달리신 예수님은 뜨겁게 이글거리는 아스팔트 위에 세워진 십자가 위에서 말씀하셨습니다. "내가 목마르다!"

이 말을 들은 저는 도서관으로 올라가려던 발걸음을 멈추고 계단의 난간을 잡고 잠시 생각했습니다. '내가 목마르다는 말은 성경에 나오는 말이다. 그때 예수님은 십자가 위에서 못 박혀 죽으셨기 때문에 목이 말랐던 것은 당연하다. 그러나 주님은 지금 부활하셔서 이 땅에 계시지 않는다. 그러한 주님이 지금 이 순간 20세기 말 대학 캠퍼스에서 왜 또 목말라하시는가?'

이것이 제가 갖고 있던 의문이었습니다. 그래서 주님께 물어보았습니다. '주님, 주님은 이미 부활하셔서 승천하시지 않으셨습니까? 그런데 왜 이천 년이 지난 지금도 이렇게 대학 캠퍼스에서 목말라하고 계십니까?'

그러자 주님께서는 제 마음에 다음과 같이 대답해 주셨습니다. "눈을 들어 저기 캠퍼스를 봐라. 지금 얼마나 많은 동아리와 모임이 있느냐? 그러나 그 가운데 젊은이들에게 참된 진리의 길을 가르쳐 주는 모임은 너무 부족하다. 그래서 지금도 지옥으로 가고 있는 학생들을 보니 내가 목이 탄다."

이 말씀 앞에 제 마음은 무너져 내렸습니다.

그래서 저는 계단 난간을 잡고 울먹이면서 "주님, 알겠습니다. 제가 주님의 목이 마르지 않게 노력해 보겠습니다. 제가 이 젊은이들에게 주님을 전하겠습니다."라고 말했습니다. 나중에 시간이 지나고 보니 이 사건이 바로 제가 하나님의 부르심을 받는 자리였던 거 같습니다.

그 후 저는 신학을 공부하게 되었고, 지금은 이렇게 대학생 사역을 하고 있습니다. 한동대학교에서도 학생들을 가르치고 있고, 교회에서도 청년 대학생을 양육하고 있습니다. 제가 일부러 의도한 것도 아닌데 어떻게 하다 보니 여기까지 오게 되었습니다. 그러나 젊었을 때 보았던 환상을 떠올려 보니 결국 이 모든 것이 하나님께서 제게 주신 비전을 이루어 나가는 과정이라는 사실을 깨닫게 됩니다.

3) 사람이나 상황을 통해

하나님께서는 어떤 특별한 사람이나 상황을 통해 깨달음을 주심으로써 우리에게 비전을 보여 주시기도 합니다. 성경을 보면 바울 자신이 '이방인의 사도'로 부르심을 받았다고 강조하는 내용을 자주 접할 수 있는데, 사실 예수님이 바울을 만나셨을 때는 그의 사명에 대해 말이 없으셨습니다. 그러나 나중에 아나니아가 주님의 명령을 받은 뒤 바울에게 안수 기도를 해 주면서 이 사실을 말해 줍니다. 따라서 이 경우에는 바울이 사람을 통해 자신의 비전을 받은 것이라 할 수 있습니다.

제 동생은 지금 어린이전도협회 소속으로 아시아태평양 지역 책임자로 있습니다. 그런데 동생이 처음부터 어린이전도에 관심이 있었던 것은 아닙니다. 사실은 전혀 관심이 없었는데 사귀던 자매가 갑자기 어린이전도 사역에 빠져들면서 이 사역을 하는 사람이 아니면 결혼하지 않겠다고 선언하는 바람에 제 동생이 어린이전도협회 사역에 몸담게 된 것입니다. 물론 그 과정에서 동생이 어린이전도 사역 훈련을 받고 최종적으로는 스스로 결단했지만, 어쨌든 이 사역에 발걸음을 내딛게 된 것은 지금의 아내 때문인 것은 확실합니다.

이렇게 하나님께서는 어떤 사건이나 사람을 통해 내가 평생에 몸담고 달려가야 할 사역의 비전을 보여 주시는 경우도 있습니다.

미국 그레이스교회의 존 맥아더 목사님은 탁월한 강해 설교자로 명성 있는 분입니다. 영적 유익을 주는 훌륭한 기독 서적도 많이 집필하셨습니다. 맥아더 목사님은 젊을 때 주의 종으로 부름받은 계기가 있었습니다. 이분은 대학생 때 미식축구에 관심이 많아서 미식축구 대회에 나갔다가 시상식에서 수상 소감을 말하며 예수님에 대한 사랑을 간증한 적이 있습니다. 그런데 간증이 끝난 뒤에 어떤 사람이 찾아와서 자신이 아는 한 여자를 만나 달라고 부탁했습니다. 그녀는 병원에 입원해 있다고 했습니다.

당시 존 맥아더 목사님은 목사도 아니었고 정식 상담 훈련을 받은 적도 없었습니다. 단지 21살의 대학 미식축구 선수였습니다. 하지만 그는 병원에 가 보겠다고 했습니다. 그가 병원에서 만난 여자는 폴리라고 하는 열일곱 살의 치어리더였습니다. 그러나 그녀는 자신의 남자친구가 실수로 발사한 총에 맞아 척수를 다쳤고 평생 불구로 지내야 하는 신세가 되었습니다.

존 맥아더 목사님을 만난 그녀는 자살하고 싶다는 이야기를 꺼냈고, 맥아더 목사님은 그녀에게 예수 그리스도를 소개해 주었습니다. 그러자 그녀는 그 자리에서 예수님을 영접했고, 나중에 이런 고백을 했습니다. "저에게 일어난 불행이 어떤 면에서는 감사한 것 같습니다. 왜냐하면 그 일이 없었다면 저는 절대 예수님을 만날 수 없었을 것이기 때문입니다."

이 여인이 변화되는 모습을 지켜보던 존 맥아더 목사님은 이런 생각이 들었습니다. "정말 중요한 일은 이 일이다. 미식축구공을 겨드랑이에 끼고 운동장을 뛰어다니며 관중의 환호를 받는 것은 중요한 일이 아니다. 이 일이 정말 중요하다."[8]

존 맥아더 목사님이 예수 그리스도를 소개해 준 그 여인은 나중에 멋진 그리스도인 청년을 만나 결혼까지 했습니다. 그리고 그녀와의 만남은 맥아더 목사님이 복음을 전하는 데 자신의 인생을 바치도록 했습니다. 이렇게 하나님은 여러 가지 다양한 방법을 통해 우리를 향한 주님의 비전을 보여 주십니다.

오늘날 이 세상 교육의 문제가 무엇입니까? 오늘날 교육의 문제는 지식은 많이 전해 주고 세속적 야망은 많이 키워 주는데 정작 하늘로부터 오는 진정한 비전을 받을 수 있는 사람으로 이 땅의 청소년들과 젊은이들을 키우지 못하고 있다는 데 있습니다.

지식의 사람이 되고 싶다면 공부를 많이 해야 하지만 비전의 사람이 되고 싶다면 기도를 많이 해야 합니다. 그리고 하나님과 친밀해져야 합니다. 그런 사람에게 하나님께서 자기를 나타내 보이시고 자신의 뜻을 계시하시기 때문입니다. 요한복음에 예수님께서 하신 이런 말씀이 있습니다. "나의 계명을 지키는 자라야 나를 사랑하는 자니 나를 사랑하는 자는 내 아버지께 사랑을 받을 것이요 나도 그를 사랑하여 그에게 나를 나타내리라." 요한복음 14장 21절 예수님은 그분의 계명을 잘 지키는 자를 사랑하시며 그에게 나타나셔서 그를 통한 하나님의 뜻이 무엇인지를 보여 주시겠고 말씀하십니다. 그러므로 우리는 인생의 비전을 받기 위해서는 순수한 마음으로 하나님을 사랑하고, 하나님의 말씀대로 살기 위해 노력해야 합니다.

4. 비전의 사람이 되라

오늘날 많은 사람들은 인생의 성공을 소망합니다. 그 성공을 얻기 위해 물불 가리지 않고 달려갑니다. 그러나 엄밀히 말해 인생에서의 진짜 성공은 무엇입니까? 성경적인 성공의 정의는 무엇입니까?

인생의 진짜 성공은 돈을 많이 벌거나 높은 명예를 얻는 것이 아니라 하나님이 내 인생에서 계획하신 뜻을 이루는 것, 그것이 바로 진정한 성공입니다. 그러므로 내가 아무리 세상적으로 보기에 대단한 것을 이루었고 위대한 업적을 성취했더라도 하나님께서 내게 계획하신 일과 상관 없는 삶을 살았다면 그것은 성공한 삶이 아닙니다.

제가 아는 어떤 크리스천 교수님은 인생은 마치 '골프' 치는 것과 비슷하다고 말씀하신 적이 있습니다. 골프에서는 얼마나 멀리 공을 날렸는지가 중요하지 않습니다. 그렇다면 힘센 사람이 무조건 골프 시합에서 이기겠지요. 골프는 그런 것이 아니라 얼마나 공이 깃대 가까이에 갔는지가 중요합니다.

마찬가지로 성공적인 인생이란 '남보다 얼마나 더 멀리 갔느냐 즉 얼마나 더 출세하였느냐', '얼마나 더 많이 가졌느냐' 하는 것이 아니라, '얼마나 내 인생에 대한 하나님의 뜻에 더 근접하여 살았느냐' 하는 것입니다. 이것을 아는 사람은 인생을 엉뚱한 데 낭비하지 않고 자신의 삶에 대한 하나님의 비전을 찾기 위해 몸부림칩니다.

비전은 멀리 있는 것이지만 우리의 삶과 밀접한 관계가 있습니다. 마치 퍼즐 한 조각 한 조각이 맞추어져 큰 그림을 완성하듯이, 그 비전에 인생의 방향을 맞추어 주어진 하루에 최선을 다해 살다 보면 결국 나의 인생에 대한 하나님의 커다란 뜻을 이루게 됩니다. 그러므로 인생의 큰 그림을 가지되 지금 나에게 주어진 삶의 조각들에 최선을 다할 필요가 있습니다. 그리고 그 조각들이 나의 삶의 궁극적인 비전을 이루는 방향으로 이끌어져 가도록 최선을 다해야 합니다.

"비전은 하나님의 안목으로 인생을 보는 것이다."

_찰스 스윈돌

비전을 갖는 것도 중요하지만 내가 소유한 비전이 하나님께로부터 온 것인지를 확신하는 것도 중요합니다. 누군가가 세상적인 비전과 하나님이 주신 비전의 차이를 다음과 같이 설명합니다. "사람이 만든 비전은 시간이 지날수록 점점 작아지지만 하나님께서 주신 비전은 시간이 지날수록 점점 더 커진다." 정말 맞는 말이라고 생각합니다.

보통 사람들은 나이가 들수록 어릴 때의 찬란했던 꿈을 잃어버립니다. 그러나 내가 꾸고 있는 꿈이 진정 하나님께로부터 온 것이라면 그 꿈이 지금 미약하고 보잘것없어 보이더라도 점차 시간이 지날수록 더 커지고 강력해질 것입니다.

이 같은 사실을 분명하게 보여 주는 실례가 바로 유정옥 사모님의 경우입니다. 유정옥 사모님은 평범한 개척교회의 사모였습니다. 그런데 이분이 어느 날 자신이 졸업한 여고 동창회 홈페이지에 일상의 소소한 간증을 올리기 시작했는데 그 글들이 폭발적인 인기를 얻게 되었습니다. 하루 평균 조회 수가 천 명이 넘고 사모님의 글을 읽고 예수님을 믿는 사람도 생겨났습니다. 그때부터 유정옥 사모님은 사명감을 갖고 글을 쓰게 되었습니다.

그러다가 그 글을 책으로 출판해 달라는 많은 사람들의 요청이 있어서 사모님은 여러 출판사를 찾았지만 모두 거절당했습니다. 그러자 많은 사람들은 책이 나오기 전에 만 원씩 후원하여 출판을 도왔고, 결국 그 내용이 『울고 있는 사람과 함께 울 수 있어서 행복하다』(크리스찬서적, 2004)라는 제목으로 나오게 되었습니다. 그 후 이 책은 특별한 홍보도 하지 않았는데 입소문이 나면서 70쇄 넘게 팔리는 베스트셀러가 되었습니다.

여기까지만 보면 한 평범한 사모님이 우연히 베스트셀러 작가가 되는 것으로 이야기가 끝납니다. 그러나 유정옥 사모님의 이야기는 여기서부터가 시작입니다. 사모님은 이 책으로 얻은 막대한 수익을 어디에 사용할 것인지를 하나님께 여쭈어 보았습니다. 그러다가 우연히 놀라운 비전을 받게 됩니다.

책 출판으로 인해 유명해진 사모님은 2004년 12월 미국 뉴저지연합교회에 간증하러 가게 되었는데 그곳에서 노숙자들을 보게 됩니다. 그들을 보고 안타까워하는 사모님에게 한 목사님이 한국에는 더 비참한 노숙인들이 많다는 이야기를 합니다.

그때부터 사모님은 "소중한 사람들"이라는 단체를 만들어 책 수익금으로 노숙자 선교회 사역을 시작하게 됩니다. 하나님이 주신 비전이 조그만 씨앗으로 심겨진 것입니다. 그리고 이 씨앗은 점점 더 크게 자라서 매일 새벽 서울역에서 천 명이 넘는 노숙자들을 먹여 주는 사역으로 발전했습니다.

그뿐만이 아닙니다. 사역하는 가운데 하나님께서 놀라운 복을 부어 주셔서 이름 없이 빛도 없이 섬기는 후원자들을 통해 노숙인 전용 교회를 세우게 되었고, 지하 1층에서 지상 3층까지의 노숙인 전용 센터도 만들게 됩니다. 또한 하나님께서 기적적인 방법으로 후원자를 붙여 주셔서 청평에 800여 평의 말기암 환자 요양소도 건축하게 됩니다.

이것으로 끝난 것이 아니라 하나님께서는 사모님의 눈을 외국으로 돌리게 하셔서 지진으로 전 국민이 노숙자나 다름없는 신세가 된 아이티에 예수 마을을 세우게 하셨습니다. 이 "소중한 사람들" 사역은 지금 현재 아이티뿐만 아니라 미얀마, 멕시코, 중국, 북한에까지 번져 나가고 있습니다.[9]

이 얼마나 놀라운 일입니까? 유정옥 사모님의 비전이 하나님께로부터 왔기에 컵라면 스무 개를 들고 서울역 노숙자에게 다가갔던 발걸음이 이제 매달 3만 명 넘는 노숙자들을 먹이는 사역으로 발전했고, 전 세계 곳곳에 헐벗고 굶주린 사람들을 돕는 사역으로 발전해 가고 있습니다.

이것이 주님이 주시는 비전의 능력입니다. 자신의 야망이 아닌 주님이 주시는 비전을 따라갈 때 우리는 이렇게 우리의 상상을 초월하는 하나님의 역사를 경험할 수 있습니다.

청년과 영적 성장

신앙의 기초 위에
인생의 집을 지으라

용기를 내라.
우리가 오늘은 광야에서 걷지만
내일은 약속의 땅에서 걸을 것이다.

_D. L. 무디

1. 영적 성장의 중요성

성경은 종종 인생을 집 짓는 것에 비유합니다. 예수님도 인생을 반석이나 모래 위에 집 짓는 것으로 비유하셨고,_{마태복음 7장 24-27절} 사도 바울도 터 위에 건물을 세우는 것으로 비유했습니다._{고린도전서 3장 10-15절} 인생이 집 짓는 것이라고 한다면 청년의 시기는 일평생 지을 집의 기초를 놓는 시기입니다. 그러므로 이때 기초를 튼튼하고 굳건하게 놓아야 제대로 된 집을 지을 수 있습니다.

그렇다면 인생의 기초는 무엇으로 놓아야겠습니까? 많은 사람들이 젊을 때는 공부를 열심히 해야 한다고 말합니다. 맞는 말입니다. 이 세상에서 성공하기 위해서는 실력이 있어야 합니다. 그래서 젊은 시절부터 공부를 열심히 하는 것은 중요합니다. 자신의 전공 분야에서 탄탄한 실력을 갖추고 글로벌 시대에 맞추어 어학을 열심히 공부하는 것도 중요합니다. 그러나 이러한 것들이 인생의 궁극적인 기초가 될 수는 없습니다.

공부나 어학 실력보다 더 중요한 인생의 기초가 있습니다. 그것은 바로 신앙입니다. 젊을 때부터 우리는 신앙의 기초를 제대로 놓아야 합니다. 신앙을 등한히 하고 잘못된 기초 위에 인생을 설계하면 언젠가는 그 모든 것이 한꺼번에 무너지는 날이 올 것입니다. 그렇게 되면 그 사람의 인생이 얼마나 허무하고 후회스럽겠습니까? 하나님은 변함 없으신 신실하신 분입니다. 그러므로 우리는 인생의 궁극적인 기초를 영원하신 하나님 위에 두어야 합니다.

젊을 때는 성장을 갈망하는 시기입니다. 그래서 사람들은 몸을 가꾸고 실력을 기르며, 인생의 다양한 경험을 쌓기 위해 노력합니다. 그러나 이상하게도 영적 성장에 대해 관심을 갖는 사람들은 별로 없습니다. 이것은 참으로 안타까운 일입니다. 육체나 외적인 부분에서의 성장 이상으로 중요한 것이 바로 영적 성장과 그로 인한 하나님과의 친밀한 관계입니다. 따라서 외적 성장보다 이 같은 내적 성장에 더 많은 관심을 가져야 합니다.

어떤 분은 이러한 성장을 아래로의 성장이라고 말하기도 합니다. 이것은 나무가 뿌리를 깊이 내리는 것과 비슷하기 때문입니다. 나무가 뿌리를 내리는 과정이 사람들의 눈으로는 잘 보이지 않습니다. 그러나 막상 큰 비바람과 폭풍이 몰려오면 그때 뿌리의 진가가 드러납니다. 뿌리를 깊이 내린 나무는 이 모든 것을 견뎌 낼 수 있지만, 뿌리가 얕은 나무는 금방 넘어져 버립니다. 이 사실을 아는 사람들은 눈에 보이는 부분 못지않게 눈에 보이지 않는 부분에 많은 관심을 갖습니다.

미국 뉴욕의 브루클린 다리 건설에 관해 전해 오는 이야기가 있습니다. 이 다리는 공사 기간만 15년이 걸린 엄청난 크기의 다리입니다. 그런데 이 다리의 공사를 시작했을 때 일반 시민들의 눈에는 처음 몇 년 동안은 아무런 작업도 하지 않는 것처럼 보였습니다. 왜냐하면 그들의 눈에는 다리가 세워지는 모습이 전혀 보이지 않았기 때문입니다. 그러나 사실 이 기간은 다리의 기초 공사를 하는 기간이었습니다.

공사 담당자는 나중에 말하기를 다리의 토대를 쌓기 위해 수면 아래 쏟아 부은 석조와 콘크리트의 양이 눈에 보이는 브루클린 다리에 사용된 양과 거의 동일하다고 말했습니다. 이런 식으로 수면 아래 수백 미터에 달하는 다리의 기초를 제대로 세워 놓았기에 브루클린 다리는 세워진 후 백 년이 넘는 지금까지도 수많은 세월의 도전을 견디며 튼튼하게 서 있습니다.[1]

우리의 삶도 마찬가지입니다. 여러분이 사는 이 세상은 결코 만만하지 않습니다. 따라서 이러한 복잡한 삶의 도전에 맞서 흔들리지 않는 삶을 살기 위해서는 영적 기초가 튼튼해야 합니다. 그러므로 이를 위해 청년의 때부터 영적 성장에 관심을 가져야 합니다.

목회자의 입장에서 교회의 성도들을 볼 때 가장 안타까운 경우는 오랜 시간 동안 신앙생활을 했는데 영적인 진보가 없는 사람들을 만날 때입니다. 이는 마치 아이를 낳았는데 그 아이가 전혀 자라지 않는 것과 마찬가지입니다. 이런 경우에 부모의 마음이 얼마나 답답하고 괴롭겠습니까? 영적으로 성장하지 않는 성도들을 바라보는 목회자의 마음도 마찬가지입니다. 아마 하나님의 마음도 똑같으실 것입니다.

주님은 우리 크리스천들의 영적 성장을 간절히 원하십니다. 성경에 보면 바울이 자신의 아들과 같은 디모데에게 영적 진보와 성숙을 나타내라고 하는 내용이 나옵니다. "이 모든 일에 전심 전력하여 너의 성숙함을 모든 사람에게 나타나게 하라." 디모데전서 4장 15절 이것은 디모데에게뿐만 아니라 모든 그리스도인들에게 주시는 하나님의 명령입니다.

특별히 젊은 그리스도인들은 자신의 영적 성장에 관심을 가져야 합니다. 훈련되지 않은 군인을 오합지졸이라고 합니다.

이런 사람은 군인으로서의 역할을 제대로 감당할 수 없습니다. 마찬가지로 영적으로 성장되고 준비되지 않은 사람은 하나님의 일에 쓰임받을 수 없습니다. 그러므로 우리는 끊임없이 자신의 신앙이 영적으로 어떤 상태에 있는지를 점검해 보아야 합니다.

생명이 있는 것의 특징은 계속 자란다는 것입니다. 주님 안에서 새 생명을 얻은 사람이라면 반드시 자라게 되어 있습니다. 그러므로 청년들은 젊을 때부터 그 무엇보다 영적 성장에 관심을 가져야 합니다. 이것은 교회에 오래 다녔고 나이가 들었다고 해서 저절로 해결되는 문제가 아닙니다. 영적 성장은 내가 애쓰고 노력한 만큼 이루어지게 되어 있습니다.

2. 성장의 네 가지 단계

성경을 자세히 읽어 보면 영적 성장에도 단계가 있는 것을 알 수 있습니다.

"자녀들아 내가 너희에게 쓰는 것은 너희 죄가 그의 이름으로 말미암아 사함을 받았음이요 아비들아 내가 너희에게 쓰는 것은 너희가 태초부터 계신 이를 알았음이요 청년들아 내가 너희에게 쓰는 것은 너희가 악한 자를 이기었음이라 아이들아 내가 너희에게 쓴 것은 너희가 아버지를 알았음이요 아비들아 내가 너희에게 쓴 것은 너희가 태초부터 계신 이를 알았음이요 청년들아 내가 너희에게 쓴 것은 너희가 강하고 하나님의 말씀이 너희 안에 거하시며 너희가 흉악한 자를 이기었음이라."요한일서 2장 12-14절

여기에서 사도 요한은 신앙인의 영적 상태에 관해 네 가지 호칭을 사용하고 있습니다. 바로 '자녀', '아이', '청년', '아비'입니다. 각각의 특징을 살펴보면 다음과 같습니다.

1) 자녀의 단계

첫째로는 자녀의 단계가 있습니다. 이 단계는 죄인이었다가 예수님의 은혜로 죄 사함을 얻고 하나님의 자녀가 되는 단계입니다. 이 단계를 성경은 다음과 같이 묘사합니다. 요한일서 2장 12절입니다. "자녀들아 내가 너희에게 쓰는 것은 너희 죄가 그의 이름으로 말미암아 사함을 받았음이요."

예수님의 이름으로 죄 사함을 받으면 하나님의 자녀가 됩니다. 이 단계가 중요한 이유는 아이가 성장하려면 일단 태어나야 하기 때문입니다. 이와 마찬가지로 영적으로 성장하기 위해

서는 먼저 하나님의 자녀가 되는 것이 중요합니다. 만약 여러분이 교회에 오래 다녔는데도 여전히 신앙의 성장이 없고 변화가 없다면 혹시 자신이 아직까지 거듭나지 못한 사람은 아닌지를 살펴볼 필요가 있습니다.

우리가 거듭나서 하나님의 자녀가 되는 방법은 어렵지 않습니다. 예수님을 구세주로 믿고 받아들이는 것입니다. 성경은 분명히 말합니다. "영접하는 자 곧 그 이름을 믿는 자들에게는 하나님의 자녀가 되는 권세를 주셨으니."요한복음 1장 12절

하나님의 자녀가 된다는 것은 얼마나 놀라운 특권입니까? 만약 아직까지 자신이 하나님의 자녀가 되는 축복을 받지 못했다고 생각한다면 빨리 예수님을 믿고 구원의 은혜를 누리시기 바랍니다.

2) 아이의 단계

둘째는 아이의 단계입니다. 이 단계는 거듭난 하나님의 자녀들이 이제 하나님을 아버지로 인식하는 단계입니다. 이것을 성경은 다음과 같이 말합니다. 요한일서 2장 14절 앞부분입니다. "아이들아 내가 너희에게 쓴 것은 너희가 아버지를 알았음이요."

아이의 단계에 이르면 하나님을 아버지로 인식할 수 있게 됩

니다. 이러한 은혜는 하나님의 영이신 성령님이 찾아오심으로 가능해집니다. "무릇 하나님의 영으로 인도함을 받는 사람은 곧 하나님의 아들이라 너희는 다시 무서워하는 종의 영을 받지 아니하고 양자의 영을 받았으므로 우리가 아빠 아버지라고 부르짖느니라." 로마서 8장 14-15절

성령님이 임하시면 입이 열려 하나님을 아버지라고 부를 수 있게 됩니다. 이것은 놀라운 축복이요, 특권입니다. 이 온 우주를 만드신 하나님을 우리가 아버지라고 부를 수 있게 된 것입니다.

아버지는 아이의 필요를 채워 줍니다. 따라서 하나님을 아버지라고 부를 수 있는 단계에 접어들면 이제 우리는 기도할 수 있는 능력이 생깁니다. 아이는 아버지께 필요한 것을 요구할 수 있기 때문입니다. 세상의 아버지처럼 하나님 아버지도 아이된 우리들의 필요를 채워 주시는 것을 기뻐하십니다. 그러므로 이 단계는 기도 응답의 기쁨을 누리기 시작하는 단계입니다.

3) 청년의 단계

셋째로는 청년의 단계가 있습니다. 이 단계는 단순히 하나님의 자녀가 되고 기도 응답의 기쁨을 누리는 정도가 아니라 마귀와의 전쟁에서 승리하는 단계입니다. 요한일서 2장 14절 후

반부를 읽어 보겠습니다. "청년들아 내가 너희에게 쓴 것은 너희가 강하고 하나님의 말씀이 너희 안에 거하시며 너희가 흉악한 자를 이기었음이라."

청년의 단계에 도달하면 이제는 그저 자신의 신앙생활에서 만족하는 단계를 벗어나서 능동적으로 하나님 나라를 추구하는 단계에 이르게 됩니다. 이 단계에서는 세상을 잡고 있는 악한 영들에게 도전장을 내밀게 되고, 하나님의 능력으로 어둠의 세력을 물리치며, 하나님의 나라를 확장하는 일에 쓰임받게 됩니다.

여기서 중요한 것은 청년의 단계에서 마귀와의 싸움 가운데 이길 수 있는 비결은 '하나님의 말씀'이라는 사실입니다. 하나님의 말씀이 우리 안에 거할 때 강한 사람이 되고 흉악한 자를 이길 수 있습니다. 이것은 이미 예수님이 마귀와의 싸움에서 보여 주신 바입니다. 예수님은 사탄의 시험을 말씀으로 물리치셨습니다. 우리도 예수님처럼 하나님의 말씀이 내 속에 풍성하게 거하면 언제 어떤 상황에서든지 말씀으로 마귀를 이기고 승리할 수 있습니다.

4) 아비의 단계

마지막 넷째로는 아비의 단계가 있습니다. 요한일서 2장 13

절 앞부분을 읽어 보겠습니다. "아비들아 내가 너희에게 쓰는 것은 너희가 태초부터 계신 이를 알았음이요."

여기서 중요한 것은 아비의 단계가 되기 위해 필요한 조건입니다. 영적 성숙에서 아비의 단계가 되기 위해서는 '태초부터 계셨던 하나님'을 알아야 합니다. 사실상 하나님을 얼마나 제대로 알고 이해하는가 하는 것이 영적 성숙의 깊이를 결정합니다. 그러므로 아비의 단계까지 영적으로 장성한 분량에 이르기 위해서는 하나님을 깊이 아는 지식이 요구됩니다.

하나님을 깊이 아는 단계에 이른 사람은 하나님의 뜻을 분별하여 알게 됩니다. 그러므로 아비의 단계로까지 성숙한 사람은 하나님의 뜻대로 살아가는 인생이 됩니다. 하나님의 뜻은 무엇입니까? 여러 가지가 있겠지만 그중 가장 중요한 것은 이것입니다. "하나님은 모든 사람이 구원을 받으며 진리를 아는 데에 이르기를 원하시느니라."디모데전서 2장 4절

이것은 성경 여러 곳에서, 예수님과 사도들을 통해서도 계속 강조된 부분입니다. 하나님은 그 무엇보다 사람들이 구원받고 하나님을 알게 되기를 원하십니다. 그러므로 영적으로 성숙한 사람은 어떤 자리에 있든지 자신이 있는 자리에서 복음 증거의 삶을 살게 됩니다.

또한 우리의 영적 성숙이 아비의 단계에 이르면 어떤 일이

일어납니까? 단순히 전도만 열심히 하는 것이 아니라 전도된 영혼을 붙들고 양육하여 재생산을 하게 됩니다. 아비에게는 자녀가 있습니다. 한 사람의 성도가 아비의 단계에 이르면 그가 재생산하는 영적 자녀가 생기게 됩니다. 우리는 이런 단계로까지 이르러야 합니다.

사도 바울의 고백을 들어보겠습니다. "그리스도 안에서 일만 스승이 있으되 아버지는 많지 아니하니 그리스도 예수 안에서 내가 복음으로써 너희를 낳았음이라." 고린도전서 4장 15절 바울은 자신이 단순한 스승이 아니라 영적 아비의 역할을 했다고 강조합니다.

여러분은 자신의 영적 상태를 한번 살펴보시기 바랍니다. 지금까지 나를 통해 예수님을 믿게 된 사람이 몇 명이나 있었는지 그리고 그 사람들 가운데 나처럼 다른 사람을 전도하고 양육할 수 있는 자리까지 성장한 사람들이 몇 명인지 말입니다. 이러한 것을 보면 여러분의 영적 상태를 알 수 있습니다.

여러분은 현재 어떤 단계에 와 있습니까? 혹시 아직도 예수 그리스도를 영접하지 않아서 하나님의 자녀가 되지 못한 분들이 있습니까? 그런 분들은 빨리 예수님을 영접하시기 바랍니다. 아니면, 예수님을 영접해서 하나님의 자녀가 되었지만 아직 유아기의 단계에 머물러 있어 기도하는 법을 모르고 하나님과 소통하지 못한 채 무기력한 삶을 사는 분이 있습니까? 그런 분은 빨리 아이의 단계로 성장하시기 바랍니다. 혹은 아이의 단계에 들어와서 기도 응답은 받는데 청년의 단계에 오르지 못한 채 살고 있는 분은 없습니까? 신앙생활은 열심히 하는 것 같은데 늘 영적 싸움에서 패배하고 세상을 바꾸기는커녕 나 자신의 신앙을 지키는 것도 힘든 삶을 살고 있는 분이 있습니까? 그렇다면 빨리 하나님의 말씀으로 양육과 훈련을 받아 청년의 단계로 올라서기를 바랍니다.

여러분들 가운데 이 모든 단계를 거쳐 아비의 단계가 되어 자신을 통해 영혼들이 하나님께 돌아오고, 그리스도의 제자로 세워지는 것을 목격하며, 하나님께 영광을 돌리는 분이 있습니까? 이런 분들은 정말 축하를 받아야 합니다. 그러나 이것으로 만족하지 말고 더 많은 사람을 훈련하고 양육하여 여러분과 같은 아비의 단계에 이르는 사람들이 더 많아지도록 노력해야 합니다.

3. 성장을 위한 방법

그렇다면 우리는 어떻게 해야 자신의 영적 상태를 지속적으로 성숙시킬 수 있을까요? 무디 신학교 총장을 역임한 죠지 스위팅(George Sweeting) 박사는 그리스도인의 영적 성숙에 필요한 네 가지 요소를 말합니다. 첫째는 성경을 체계적으로 읽는 것입니다. 둘째는 기도하기를 배우는 것입니다. 셋째는 기회가 있을 때마다 사람들 앞에서 그리스도를 증거하는 것입니다. 넷째는 열심히 예배에 참여하는 것입니다.[2]

위에서 언급한 하나하나가 다 중요한 것이라고 생각합니다. 성경은 영혼의 양식과 같기 때문에 성경을 체계적으로 꾸준히 읽어야만 영적으로 성장할 수 있습니다. 성경을 읽지 않고 영적으로 성장하고자 하는 사람은 마치 이 세상에 태어난 아기가 음식을 먹지 않고 건강하게 자라려고 하는 것과 같습니다. 도저히 불가능한 일입니다.

성경은 다음과 같이 말합니다. "그러므로 사랑하는 자들아 너희가 이것을 미리 알았은즉 무법한 자들의 미혹에 이끌려 너희가 굳센 데서 떨어질까 삼가라 오직 우리 주 곧 구주 예수 그리스도의 은혜와 그를 아는 지식에서 자라 가라 영광이 이제와 영원한 날까지 그에게 있을지어다." 베드로후서 3장 17-18절

어린아이의 수준에 있으면 미혹에 빠지기 쉽고 세상 풍조나 유혹에 휩쓸려 가기 쉽습니다. 그러므로 신앙에는 계속적인 성장이 필요합니다. 이를 위해서는 무엇보다 하나님의 은혜가 필

요하지만 우리는 주님을 아는 지식을 계속 쌓아야 합니다. 하나님의 말씀을 많이 읽고, 영적으로 도움이 되는 신앙 서적을 많이 읽어야 합니다.

또한 성장을 위해서는 기도가 필요합니다. 기도 응답을 받은 사람은 그 믿음이 급속도로 자라납니다. 기독교는 결코 추상적인 종교가 아닙니다. 기독교는 살아 있는 하나님을 믿는 종교입니다. 따라서 기독교 신앙에는 반드시 체험이 따릅니다. 그러므로 신앙생활을 하면서 기도 응답을 받으면 하나님을 부인할 수 없게 됩니다. 그리고 그런 체험이 쌓이면 그 누구도 흔들수 없는 굳건한 믿음의 반석에 서게 됩니다.

예수님은 분명히 약속하셨습니다. "지금까지는 너희가 내이름으로 아무 것도 구하지 아니하였으나 구하라 그리하면 받으리니 너희 기쁨이 충만하리라."요한복음 16장 24절 우리가 예수님의 이름으로 기도하면 응답받고 마음에 기쁨이 충만해질 것이라고 말씀하십니다.

기도해서 응답을 받아 본 사람이 아니면 그 기쁨을 알 수 없습니다. 기도 응답을 받으면 내가 기도하던 문제가 해결된 것도 기쁘지만, 더 큰 기쁨은 하나님께서 나의 기도를 들어주신다는 사실과 그분이 나에게 관심이 있으시다는 사실을 확인하게 된다는 사실입니다.

생각해 보십시오. 이 온 우주를 만드시고 지금도 별들의 운행과 궤도를 움직이시는 그 하나님이 이 부족하고 보잘것없는 나의 기도를 들으시고 나의 필요를 채워 주실 정도로 나를 사랑하신다는 사실을 확인한다면 마음에 얼마나 큰 기쁨이 넘치겠습니까? 이 기쁨은 체험해 보지 못한 사람은 알 수 없습니다. 이러한 기쁨을 계속적으로 체험하는 사람은 믿음이 쑥쑥 자라게 됩니다.

그리고 기회가 있을 때마다 그리스도를 증거하는 것도 영적 성장에 도움을 줍니다. 원래 사람은 자기가 확신하는 일이 아니면 자신 있게 말하지 못합니다. 그러므로 증거자의 삶을 살기 위해서는 자신이 믿는 바가 무엇인지를 분명하게 확신할 수 있어야 합니다. 전도를 하게 되면 우리는 자연스럽게 자신의 믿음을 점검하게 되고, 전도자로서 부끄럽지 않게 살기 위해 노력하게 됩니다. 그렇게 되면 결국 신앙과 삶이 일치하게 되어 온전한 영적 성숙으로 이어지게 됩니다.

그래서 성경은 우리의 마음에 그리스도를 주로 삼아 거룩하게 하고 우리 속에 있는 소망에 관한 이유를 묻는 자에게는 대답할 것을 항상 준비하고 있으라고 말씀합니다.베드로전서 3장 15절 즉 언제나 복음을 증거할 수 있는 영적 · 지적인 준비를 갖추어 놓아야 한다고 말하는 것입니다.

마지막으로 영적으로 성장하기 위해서는 열심히 예배에 참여해야 합니다. 예배는 하나님께서 인간을 만나 주시는 방법입니다. 예배를 통해 우리는 하나님의 위대하심을 경험할 수 있습니다. 특별히 예배에는 찬양과 말씀과 기도가 있기 때문에 예배를 제대로 드리면 그 사람의 영혼은 성장할 수밖에 없습니다.

또한 예배는 공동체를 통해 우리를 성장시키는 하나님의 특별한 방법입니다. 교회에서 함께 예배를 드릴 때 소속감을 느끼게 되고 믿음이 성장합니다. 하나님은 교회라고 하는 공동체를 통해 서로를 돌아보며 믿음이 성장하도록 만드셨습니다. 그래서 성경을 자세히 읽어 보면 공동체의 중요성을 강조하는 "서로 기도하라, 서로 사랑하라, 서로 짐을 나누어지라" 등과 같은 말이 신약성경에만 해도 58번이나 등장합니다.[3]

그러므로 제대로 된 영적 성장은 교회 공동체 안에서 일어납니다. 올바른 교회 공동체에 속하게 되면 믿음과 인격이 같이 성장하게 됩니다. 성경은 다음과 같이 말합니다. "오직 사랑 안에서 참된 것을 하여 범사에 그에게까지 자랄지라 그는 머리니 곧 그리스도라 그에게서 온 몸이 각 마디를 통하여 도움을 받음으로 연결되고 결합되어 각 지체의 분량대로 역사하여 그 몸을 자라게 하며 사랑 안에서 스스로 세우느니라."에베소서 4

예수 그리스도는 교회의 머리이시고 교회는 그 몸이며 우리는 그 몸의 한 지체로서 서로 연결되고 결합되어 주님의 몸을 함께 세우면서 성장해 나가게 됩니다. 그렇기 때문에 신앙생활에 있어서 교회는 매우 중요합니다. 젊을 때부터 자신에게 맞는 건강한 교회를 택하여 공동체와 함께 믿음이 자라고 신앙이 자라나는 것이 중요합니다. 그것이 가장 안전하고 확실하게 자신의 신앙을 성장시키는 방법입니다.

4. 영적 습관을 길러라

많은 사람들이 영적 성장을 추구하는 데 한계를 경험합니다. 특별히 수련회 같은 곳에 가서 뜨겁게 은혜를 받고 집으로 돌아왔는데 일주일도 지나지 않아 다시 옛날 생활로 되돌아가는 모습을 보고 좌절하고 낙심합니다. 그렇다면 우리의 영적 성장이 그토록 더디게 되고 때로는 멈추는 것 같이 느껴지는 이유는 무엇일까요?

그 이유는 바로 과거의 습관이 남아 있기 때문입니다. 따라서 영적으로 제대로 성장하려면 감정적으로 은혜받는 것으로 끝나서는 안 되고, 의지적으로 자신의 잘못된 습관을 하나씩 고쳐 나가야 합니다. 그래야 나의 삶에서 눈에 뚜렷이 보이는 영적 성장이 있을 수 있습니다.

"습관은 제2의 천성이다."라는 말이 있습니다. 영적으로 성장하기 위해서는 신앙생활에 방해가 되는 나쁜 습관을 버리고 영적으로 도움이 되는 좋은 습관을 계발해서 그것을 완전히 자신의 타고난 천성으로 굳어지게 만드는 것이 중요합니다.

성경에 보면 예수님도 경건의 습관이 있었다고 말씀합니다. "예수께서 나가사 습관을 따라 감람 산에 가시매 제자들도 따라갔더니."누가복음 22장 39절 예수께서 감람산에 가신 이유가 무엇입니까? 기도하러 가셨습니다. 예수님께는 시간만 나면 감람산으로 가서 기도하는 습관이 있었던 것입니다. 이것이 예수님이 영적으로 늘 충만한 삶을 살 수 있었던 비결이었습니다. 우리도 예수님처럼 삶에서 영적 습관을 계발해야 합니다. 예수님처럼 기도하는 습관, 성경 보는 습관을 길러야 합니다. 아울러 좋지 않은 습관은 과감히 버려야 합니다.

이런 이야기가 있습니다. 어떤 노인이 술에 취해 밤늦게 강을 건너게 되었습니다. 강가에 있는 배에 올라타서 밤새 노를 저었는데 다음 날 아침에 보니 배가 여전히 그 자리에 있었다고 합니다. 왜 그랬을까요? 그 이유는 배가 줄에 묶여 있었기 때문입니다. 그래서 밤새도록 노를 저었는데도 배는 전혀 앞으로 나아가지 못하고 있었던 것입니다.

　우리도 마찬가지입니다. 나를 얽어매고 있는 나쁜 습관이 있으면 신앙은 잘 성장하지 않습니다. 그러므로 열심히 교회에 다니고 예배에 참석하는데 왠지 신앙이 성장하지 않는 것 같이 느껴지는 사람들은 하나님 앞에서 자신이 정리해야 할 나쁜 습관이 있는지를 확인해 봐야 합니다. 그리고 그런 것이 있으면 빨리 끊어 버리고 하나님 앞에 나와야 합니다.

　영적 성장은 신앙인이라면 일평생 추구해야 할 사명이요, 목표입니다. 인간의 육체는 어느 정도 되면 그 성장이 멈춥니다. 그러나 영적 성장은 결코 멈추는 법이 없습니다. 그것은 영적 성장은 예수님을 닮아 가는 것이기 때문입니다. 예수님은 완전하신 분이시기에 그분을 닮아 가는 일에 완성이라는 것은 없습니다.

　성경은 우리의 영적 성장의 최종 목표가 예수님인 것을 분명하게 보여 줍니다. "이는 우리가 이제부터 어린 아이가 되지 아니하여 사람의 속임수와 간사한 유혹에 빠져 온갖 교훈의 풍조에 밀려 요동하지 않게 하려 함이라 오직 사랑 안에서 참된 것을 하여 범사에 그에게까지 자랄지라 그는 머리니 곧 그리스도라."에베소서 4장 14-15절

　성경은 예수님을 닮아 가는 사람을 제자라고 말합니다. 그리

스도인은 스승이신 예수님을 따르고 그분을 닮기 위해 부름받은 사람들입니다. 비록 우리가 완전히 주님 닮은 모습을 갖추기는 어려울지라도 나름대로 최선을 다해 주님을 따라가고 닮아 가기 위해 몸부림친다면 그 자체로 주님은 기뻐하실 것입니다.

"사람은 성장하도록 만들어졌지 멈추도록 만들어지지 않았다."

_로버트 브라우닝

　이런 이야기가 있습니다. 유명한 작곡가이며 피아니스트인 파데레프스키(Paderewski)가 미국에서 공연하게 되었을 때의 일입니다. 한 어머니가 자신의 어린 아들이 피아노에 관심을 더 갖게 하기 위해 공연장에 아이를 데리고 갔습니다. 그러나 아이는 따분했는지 공연이 시작되기도 전에 몸을 꼼지락거리며 의자에서 계속 몸부림치고 있었습니다.

　공연이 시작되기 전 아이의 엄마는 함께 온 친구와 이야기를 하느라 잠시 아이에게 신경을 쓰지 못했습니다. 그 사이에 아이는 슬그머니 자리를 빠져나갔습니다. 그리고 한참을 이리저리 돌아다니다가 커튼 뒤 무대 위에 있는 아름다운 그랜드 피아노를 보았습니다. 꼬마는 몰래 커튼 뒤로 숨어 들어가 건반 위에 작은 손을 얹고 젓가락 행진곡을 연주하기 시작했습니다.

　그때 마침 무대의 커튼이 올라가면서 밝은 조명이 눈부시게 비치는 가운데 어린 꼬마 아이가 작은 손가락을 꼼지락거리며 "젓가락 행진곡"을 연주하는 모습이 사람들 눈에 보였습니다. 아이의 엄마는 너무 놀라 기절할 지경이 되었습니다.

　놀란 사람들의 수근거리는 소리가 들리기 시작했고, 눈살을 찌푸린 수백 명의 얼굴이 아이가 있는 무대를 향했습니다. "저

아이를 어서 데려가시오!" "저렇게 어린아이를 누가 이런 연주회장에 데리고 온 거야!" "저 아이의 엄마는 어디 있어요?" "도대체 아이 교육을 어떻게 시킨 거야!"

관객 속에서 들려오는 소리를 무대 뒤에서 듣게 된 패더레브스키는 무슨 일이 일어나고 있는지를 금세 알아차리고, 급히 자켓을 걸치고 무대 위로 나가서 아무 말 없이 아이의 옆에 앉았습니다. 그리고 그 피아노의 거장은 소년이 치고 있던 "젓가락 행진곡"의 멜로디를 살려 주기 위해 멋진 반주를 넣기 시작했습니다. 그러면서 패더레브스키는 소년의 귀에 대고 계속 속삭였습니다. "계속해, 멈추지 말고 계속 연주해, 포기하지 마."

저는 주님께서 오늘 우리에게도 이와 같이 말씀하실 것이라고 믿습니다. 비록 주님을 닮아 가려는 우리의 노력이 유치하고, 영적으로 성장하려는 우리의 몸부림이 어색하더라도 주님께서는 우리의 귀에 대고 다음과 같이 말씀해 주실 것입니다. "그래, 잘하고 있어. 그렇게 계속 자라가는 거야. 절대 포기하지 마. 끝까지 가는 거야!"

나가는 말

이른 나이에 하나님을 믿으면 무수한 후회를 면하게 된다.

_찰스 스펄전

돌이켜 보면 저의 젊은 시절은 인생에 대한 고뇌와 삶에 대한 방황으로 점철되어 있었던 것 같습니다. 어릴 때부터 몸이 약해서 늘 건강에 대한 두려움이 있었고, 왜 살아야 하는지 인생의 의미를 몰라 하염없이 방황했으며, 또한 앞으로 무엇을 하며 살아야 할지 몰라 막연한 걱정과 두려움으로 하루하루를 보냈습니다.

고등학교 때부터 교회를 다녔지만 아무도 저에게 복음의 진리를 명확하게 설명해 주지 않아 의문점만 가득 안은 채 교회를 다녔습니다. 대학교에 들어가서도 인생의 의미를 몰라 공부에 열심을 내지 못했으며, 전공도 적성에 맞지 않아 계속적으로 방황의 시간을 보냈습니다.

그러다가 하나님의 은혜로 대학교 2학년 때 우연히 나간 영어 성경공부 모임에서 예수님을 만나게 되었고, 이로써 길고 긴 저의 인생의 방황에 종지부를 찍게 되었습니다. 선교사님을 통해 주어진 복음은 제 인생의 주인이 누구인지를 알게 해 주었고, 그분을 만나니 왜 살아야 하는지 그 이유를 알 수 있었습니다. 그때부터 저는 제 삶의 목적과 방향이 분명해졌고, 제 젊은 시절을 허비하지 않고 하나님께 쓰임받도록 준비하는 데 사용할 수 있었습니다.

이러한 경험은 저로 하여금 청년 대학생 사역에 더 많은 관심을 갖게 만들었습니다. 젊을 때 예수님을 만나면 인생이 놀랍게 변화될 수 있다는 사실을 깨달았기 때문입니다. 이처럼 이 땅의 젊은이들을 복음으로 변화시키고 그들에게 올바른 성경적인 가치관을 심어 주는 일은 저들의 인생을 위해서나 이 나라의 미래를 위해서나 더할 나위 없이 중요한 일입니다.

청년의 때는 고민과 고뇌도 많은 시기이지만 또한 열정이 넘치고 활기찬 시기이기도 합니다. 그러나 지나고 보면 청년의 때도 금방 지나갑니다. 화살같이 빠른 세월의 흐름을 당해 낼 장사가 없기 때문입니다. 따라서 청년의 때를 자랑할 것도 아니고 청년의 때를 두려워할 필요도 없습니다.

성경은 어릴 때와 청년의 때가 다 헛되다고 이야기합니다.전도서 11장 10절 왜냐하면 그 시절도 결국 지나가 버리기 때문입니다. 그러므로 우리가 진정으로 하나님 앞에 바로 서기 위해서는 단순히 청년의 열정만 가져서는 안 됩니다. 나이가 들수록 영적으로 더 충만하며 새로워지는 삶을 살 수 있어야 합니다. 그러기 위해서는 젊을 때부터 하나님을 인정하고 그분께 영광 돌리는 삶을 살아야 합니다. 그것만이 우리의 청춘을 날마다 새롭게 하는 방법입니다.

"내 영혼아 여호와를 송축하라 내 속에 있는 것들아 다 그의 거룩한 이름을 송축하라 내 영혼아 여호와를 송축하며 그의 모든 은택을 잊지 말지어다 그가 네 모든 죄악을 사하시며 네 모든 병을 고치시며 네 생명을 파멸에서 속량하시고 인자와 긍휼로 관을 씌우시며 좋은 것으로 네 소원을 만족하게 하사 네 청춘을 독수리 같이 새롭게 하시는도다."시편 103편 1-5절

기억하십시오. 청춘의 때는 금방 지나갑니다. 그러나 하나님 안에 있는 청춘은 결코 늙지 않습니다. 이 땅의 시간이 흘러갈수록 그 영혼은 더욱 빛나게 됩니다. 이 세상에서의 짧은 시간이 지나가면 하나님 앞에서 누릴 영원한 영광의 시간이 준비되어 있음을 알기 때문입니다. 그러므로 이 책을 읽는 여러분 모두는 이 사실을 깊이 인식하고 자신에게 주어지는 하루하루를

더욱 알차게 채워 나가는 분들이 되시기를 바랍니다.

"나는 모든 것을 그것이 영원에서
어떤 값어치가 있을 것인가에 대한 기준으로만 평가한다."

_존 웨슬리

주

1장 청년과 열정

1. 엘렌 랭어,『마음의 시계』, 변용란 역(사이언스북스, 2011), pp.16-23.

2. 엘렌 랭어, 『마음의 시계』, 변용란 역(사이언스북스, 2011), pp.277-278.

3. 김영한&이영석,『총각네 야채가게』(거름, 2003), pp.63-73.

4. 정진홍,『완벽에의 충동』(21세기북스, 2006), p.31.

5. 로렌스 엘리엇,『땅콩박사』(대한기독교서회, 1993), pp.151-152.

6. 김순권,『하루하루가 기적이다』(상상나무, 2014), pp.15-16.

7. 김순권,『검은 대륙의 옥수수 추장』(한송, 2009), p.249.

2장 청년과 우정

1. Robert Pollack, *The Faith of Biology and the Biology of Faith*(Columbil University Press, 2000), pp.54-55.

2. 조선닷컴, "항암치료로 머리카락 잃은 친구 위해…초등학생 15명 단체 삭발", 2013.6.19.

3. 존 맥스웰,『프렌즈』, 홍영기 역(청우, 2003), p.80.

4. 아맨드 M. 니콜라이,『루이스 VS. 프로이트』, 홍승기 역(홍성사,

2004), p.115.

5. 스티븐 스콧, 『사명을 찾으면 인생이 달라진다』, 홍병룡 역(아드폰테스, 2012), pp.245-249.

6. C. S. Lewis, *The Letters of C. S. Lewis to Arthur Greeves*, p.425.

7. 로널드 브레슬랜드, 『C. S. 루이스와 떠나는 여행』, 송용자 역(부흥과개혁사, 2008), p.80.

8. 스티브 윙필드, 『우정』, 김소연 역(생명의말씀사, 2007), p.20.

9. 앨런 로이 맥기니스, 『너무 많은 관계 너무 적은 친구』, 신현승 역(책찌, 2012), p.76.

10. 스티브 윙필드, 『우정』, 김소연 역(생명의말씀사, 2007), pp.55-56.

11. 스티브 윙필드, 『우정』, 김소연 역(생명의말씀사, 2007), p.56.

12. 스티브 윙필드, 『우정』, 김소연 역(생명의말씀사, 2007), p.99.

13. 케빈 벨몬트, 『윌리엄 윌버포스와 떠나는 여행』, 송용자 역(부흥과개혁사, 2007), p.52.

14. 대로우 밀러, 『라이프워크』, 이혜림 역(예수전도단, 2012), p.73.

15. 케빈 벨몬트, 『윌리엄 윌버포스와 떠나는 여행』, 송용자 역(부흥과개혁사, 2007), p.81.

16. 케빈 벨몬트, 『윌리엄 윌버포스와 떠나는 여행』, 송용자 역(부흥과개혁사, 2007), p.81.

3장 청년과 이성 교제

1. 윤천수, 『사랑을 구하는 49일간의 이야기』(요단, 2011), p.15.
2. 파이낸셜뉴스, "미혼女 외모 비슷하면 이런 남성에 끌린다", 2013.01.18.
3. 최대복, 『너는 내 갈비뼈』(생명의말씀사, 2008), pp.177-195.
4. 윤천수, 『사랑을 구하는 49일간의 이야기』(요단, 2011), pp.87-88.

4장 청년과 거룩

1. 론 로즈, 『1001가지 기독교 명언』, 정옥배 역(디모데, 2012), p.29.
2. 론 로즈, 『1001가지 기독교 명언』, 정옥배 역(디모데, 2012), p.243.
3. 데릭 윌리엄스, 『IVP 성경사전』, 이정석 역(한국기독학생회출판부, 1992), p.16.
4. 박수웅, 『우리 사랑할까요?』(두란노, 2004), p.94.
5. 제임스 답슨, 『영원한 사랑』(미션월드, 2005), pp.32-33.
6. 월터 트로비쉬, 『파란불꽃-허락하신 사랑을 찾아서』(한국기독학생회출판부, 1987), p.31.
7. 척 스윈돌, 『척 스윈돌의 설교예화 1500선』(디모데, 1998), p.17.
8. 척 스윈돌, 『척 스윈돌의 설교예화 1500선』(디모데, 1998), p.17.
9. 조슈아 해리스, 『절대순수』, 이나경 역(두란노, 2004), pp.49-50.
10. 엘리자베스 엘리엇, 『열정과 순결』, 윤종석 역(좋은 씨앗, 2012), p.189

11. 엘리자베스 엘리엇, 『열정과 순결』, 윤종석 역(좋은 씨앗, 2012), p.209.

12. 엘리자베스 엘리엇, 『열정과 순결』, 윤종석 역(좋은 씨앗, 2012), pp.16-17.

13. Ellyn Sanna, *God s Hall of Fame*, *Barbour*, p.36.

14. 엘리자베스 엘리엇, 『전능자의 그늘』, 윤종석 역(복있는사람, 2002), p.108.

5장 청년과 결혼

1. 제임스&셜리 돕슨, 『나이트 라이트』(도서출판 NCD, 2005), p.17.

2. 리랜드 라이큰, 『청교도-이 세상의 성자들』, 김성웅 역(생명의말씀사, 1996). p.15.

3. John Gottman and Nan Silver, *The Seven Principles for Making Marriage Work*(New York: Three Rivers Press, 1999), pp.19-20.

4. 프레드 로워리, 『결혼은 하나님과 맺은 언약입니다』, 임종원 역(미션월드 라이브러리, 2003), p.163.

5. 최효섭, 『결혼과 가정』(쿰란출판사, 1997), p.34.

6. 프레드 로워리, 『결혼은 하나님과 맺은 언약입니다』, 임종원 역(미션월드 라이브러리, 2003), p.24.

7. 폴 스티븐스, 『폴 스티븐스의 결혼 이야기』, 오현미 역(복있는사람, 2011), p.29.

8. 폴 스티븐스, 『폴 스티븐스의 결혼 이야기』, 오현미 역(복있는사람,

2011), p.32.

9. 프레드 로워리, 『결혼은 하나님과 맺은 언약입니다』, 임종원 역(미션월드 라이브러리, 2003), p.17.

10. 프레드 로워리, 『결혼은 하나님과 맺은 언약입니다』, 임종원 역(미션월드 라이브러리, 2003), p.127.

11. 프레드 로워리, 『결혼은 하나님과 맺은 언약입니다』, 임종원 역(미션월드 라이브러리, 2003), p.100.

12. 최효섭, 『결혼과 가정』(쿰란출판사, 1997), p.66.

13. 조선일보, "4.5t 트럭 안의 부부"(2006. 4. 8.), A11면.

6장 청년과 청지기 의식

1. 제레미 리프킨, 『소유의 종말』, 이희재 역(민음사, 2001), p.11.

2. 매일경제, "원하는 음악 · 영화 저장 않고 실시간 감상 '대중화 선언'"(2013.5.21.), A3면.

3. 후안 까를로스 오르띠즈, 『청지기』, 김귀탁(만나, 2007), pp.16-19.

4. 한홍, 『시간의 마스터』(비전과 리더십, 2005), p.167.

5. 손경구, 『습관과 영적 성숙』(두란노, 2011), p.146.

6. 한홍, 『시간의 마스터』(비전과 리더십, 2005), p.178.

7. 필립 얀시, 『단단한 진리』(포이에마, 2012), pp.73-74.

8. 브라이언 러셀, 『선한 청지기로 살아가라』(디모데, 2009), p.15.

9. 브라이언 러셀, 『선한 청지기로 살아가라』(디모데, 2009), p.130.

10. 브라이언 러셀, 『선한 청지기로 살아가라』(디모데, 2009), p.130.

7장 청년과 물질

1. 스테반 아터번, 『사명 돈 의미』(낮은울타리 미디어사업본부, 2000),
   p.187.

2. 랜디 알콘, 『천국 보화의 원리』, 유정희 역(생명의말씀사, 2002),
   p.12.

3. 제이플러스 미션, 『세상의 돈자루를 쥐어라』(두란노, 2008), p.23.

4. 티머시 켈러, 『거짓 신들의 세상』(베가북스, 2012), p.102.

5. 티머시 켈러, 『거짓 신들의 세상』(베가북스, 2012), p.103.

6. 브라이언 러셀, 『선한 청지기로 살아가라』, 윤종석 역(디모데,
   2009), pp.185-186.

7. 김진만, 『하나님의 단골은행』(베드로서원, 2009), p.23.

8. 김진만, 『하나님의 단골은행』(베드로서원, 2009), p.43.

9. 토머스 앤더슨, 『크리스천 부자백서』, 이건 역(두란노, 2007), p.9.

10. 김진만, 『하나님의 단골은행』(베드로서원, 2009), p.29.

11. 토머스 앤더슨, 『크리스천 부자백서』(두란노, 2007), p.48.

12. 김영애, 『갈대상자』(두란노, 2004), pp. 201-202.

13. 정충영, 『남산편지』856호

14. 서정인, 『고맙다』(규장, 2013). pp.199-203.

8장 청년과 직업

1. 크리스채너티 투데이 인터내셔널 엮음, 『신앙과 직업』(국제제자훈

런원, 2010), p.84.

2. 이안 코피, 『하나님은 월요일에 무슨 일을 하실까?』, 홍병룡 역(새
   물결플러스, 2011), p.41.

3. 리랜드 라이큰, 『청교도-이 세상의 성자들』, 김성웅 역(생명의말씀
   사, 1996). p.85.

4. 빌 하이벨스, 『당신의 직업, 하나님의 계획입니다』, 민문영 역(조이
   선교회출판부, 1996), p.74.

5. 크리스채너티 투데이 인터내셔널 엮음, 『신앙과 직업』(국제제자훈
   련원, 2010), p.15.

6. 크리스채너티 투데이 인터내셔널 엮음, 『신앙과 직업』(국제제자훈
   련원, 2010), p.68.

7. 크리스채너티 투데이 인터내셔널 엮음, 『신앙과 직업』(국제제자훈
   련원, 2010), p.69.

8. 오스 기니스, 『인생』, 박지은 역(IVP, 2009), p.16.

9. 이안 코피, 『하나님은 월요일에 무슨 일을 하실까?』, 홍병룡 역(새
   물결플러스, 2011), p.53.

10. Cotton Mather, *A Christian at His Calling*, McGiffert, p.124.

11. 이안 코피, 『하나님은 월요일에 무슨 일을 하실까?』, 홍병룡 역(새
    물결플러스, 2011), p.80.

12. 방선기, 『크리스천 직장백서』(두란노, 2007), pp.19-20.

13. 김재영, 『직업과 소명』(IVP, 1989), p.95.

14. 크리스채너티 투데이 인터내셔널 엮음, 『신앙과 직업』(국제제자훈
    련원, 2010), p.34.

15. 방선기, 『크리스천 직장백서』(두란노, 2007), pp.27-28.

16. Alister E. McGrath, *Reformation Thought: An introduction*(Malden, Mass: Blackwell Publishers, 2001), pp.266-267. 〈종교 개혁 사상〉(기독교문서선교회 역간).

17. 안준희, 『지겹지 않니 청춘노릇』(중앙북스, 2013), p.14.

9장 청년과 비전

1. 전옥표, 『빅 픽처를 그려라』(비즈니스북스, 2013), p.35.

2. 전옥표, 『빅 픽처를 그려라』(비즈니스북스, 2013), p.36.

3. 한홍, 『시간의 마스터』(비전과 리더십, 2005), p.97.

4. 헨리 블랙커비, 『영적 리더십』, 윤종석 역(두란노, 2002), p.92.

5. 강정훈, 『신수성가』(생명의말씀사, 2012), p.44.

6. 브라이언 러셀, 『선한 청지기로 살아가라』, 윤종석 역(디모데, 2009), p.122.

7. 김영애, 『갈대상자』(두란노, 2004), pp.26-27.

8. 존 맥아더, 『값비싼 기독교』, 이용중 역(부흥과개혁사, 2009), p.109.

9. 유정옥, 『말하지 않아도 들리는 소리』(소중한 사람들, 2013), p. 246

10장 청년과 영적 성장

1. 고든 맥도날드,『리더는 무엇으로 사는가』, 김명희 역(IVP, 2013), pp.7-8.
2. 죠지 스위팅,『구원의 확신과 영적 성숙』, 박천일 역(한국문서선교회, 2010), pp.21-23.
3. 손경구,『습관과 영적 성숙』(두란노, 2011), pp.133-134.

각 장별 추천도서

다음에 나오는 책들은 제가 읽고 많은 도움을 받았던 책들입니다.
각 주제별로 더 깊은 공부를 원하시는 분은 아래 추천하는 책들을
읽어 보시면 많은 도움이 될 것입니다.

1장 청년과 열정

이시카와 다쿠지, 『기적의 사과』, 이영미 역(김영사, 2009).

로렌스 엘리엇, 『땅콩박사』, 김경희 역(대한기독교서회, 2008).

곽희문, 『복음이면 충분합니다』(아가페북스, 2013).

김영선, 『아픈 만큼 사랑합니다』(생명의말씀사, 2012).

케빈 · 케이 마리 브렌플렉, 『소명 찾기』(IVP, 21014).

2장 청년과 우정

하워드 · 윌리엄 핸드릭스, 『멘토링으로 성장하는 법』(요단출판사,
  2004).

데일 카네기, 『데일 카네기 인간관계론』, 김지현 역(리베르, 2015).

이민규, 『끌리는 사람은 1%가 다르다』(더난출판사, 2009).

하우석, 『뜨거운 관심』(다산북스, 2006).

애덤 그랜트, 『Give and Take(기브앤테이크)』, 윤태준 역(생각연구소,

2013).

3장 청년과 이성 교제

조슈아 해리스, 『No 데이팅』, 이마리 역(두란노, 1998).

박수웅, 『우리 사랑할까요』(두란노, 2004).

김지윤, 『사랑하기 좋은 날』(포이에마, 2011).

고형욱, 『그 형제 그 자매』(두란노, 2011).

채드 이스텀, 빌 파렐, 팸 파렐, 『아담과 하와의 연애 뇌구조』(생명의
    말씀사, 2010).

4장 청년과 거룩

월터 트로비쉬, 『사랑은 배워야 할 감정입니다』(IVP, 2007).

케빈 드영, 『그리스도인의 구멍 난 거룩』, 이은영 역(생명의 말씀사,
    2013).

마이클 존 큐직, 『하나님을 탐닉하라』(홍성사, 2012).

게리 토마스, 『거룩이 능력이다』, 윤종석 역(CUP, 2012).

유기성, 『나는 죽고 예수로 사는 사람』(규장, 2008).

5장 청년과 결혼

조현삼, 『결혼설명서』(생명의말씀사, 2009).

폴 스티븐스, 『폴 스티븐스의 결혼 이야기』, 오현미 역(복있는사람, 2011).

게리 채프먼, 『5가지 사랑의 언어』, 황을호 외 1명(생명의말씀사, 2010).

로버트 율게뮤트 & 마크 데브리, 『남자의 일생에 가장 중요한 한 해』(SFC, 2004).

팀 켈러, 『팀 켈러, 결혼을 말하다』, 최종훈 역(두란노, 2014).

6장 청년과 청지기 의식

안병수, 『과자, 내 아이를 해치는 달콤한 유혹 1』(국일미디어, 2005).

게리 토마스, 『내 몸 사용 안내서』, 윤종석 역(CUP, 2013).

케빈 드영, 『미친 듯이 바쁜』, 김희정 역(부흥과개혁사, 2013).

척 벤틀리, 『부의 뿌리』, 박갑윤 역(생명의말씀사, 2014).

칩 잉그램, 『문화전쟁』, 황을호 역(생명의말씀사, 2015).

7장 청년과 물질

서정인, 『고맙다』(규장, 2013).

랜디 알콘, 『천국 보화의 원리』, 유정희 역(생명의말씀사, 2010).

제이플러스 미션, 『세상의 돈자루를 쥐어라』(두란노, 2008).

김신호 정병일, 『EPS 청지기 재정교실』(토기장이, 2012).

김미진, 『왕의 재정』(규장, 2014).

8장 청년과 직업

이안 코피, 『하나님은 월요일에 무슨 일을 하실까?』, 홍병룡 역(새물결플러스, 2011).

세바스찬 트레거, 그렉 길버트, 『나는 직장에서도 크리스천입니다』, 김태곤 역(생명의말씀사, 2015).

팀 켈러, 『일과 영성』, 최종훈 역(두란노, 2013).

원용일, 『직장인이라면 다니엘처럼』(브니엘, 2015).

린다 콥, 『나라를 제자 삼는 하나님의 8가지 영역』, 김명화 역(예수전도단, 2010).

9장 청년과 비전

유정옥, 『울고 있는 사람과 함께 울 수 있어서 행복하다』(소중한 사람들, 2013).

오스 기니스, 『소명』, 홍병룡 역(IVP, 2006).

스티브 스콧, 『사명을 찾으면 인생이 달라진다』, 홍병룡 역(아드폰테스, 2012).

황성주, 『킹덤 드림』(규장, 2010).

카일 아이들먼, 『거짓 신들의 전쟁』, 배응준 역(규장, 2013).

10장 청년과 영적 성장

그렉 길버트, 『예수님은 누구신가』, 전의우 역(규장, 2015).

라원기, 『다시보는 십자가』(생명의말씀사, 2012).

한홍, 『기독교 에센스』(규장, 2014).

밥 쇼그린 & 제럴드 로빈슨, 『강아지 성도 고양이 신자』, 김창동 역
    (디모데, 2008).

임은미, 『최고의 날 최고의 그리스도인』(넥서스 CROSS, 2010).